나의 첫 ETF 포트폴리오

게으르게 투자하고
확실하게 수익 내는

# 나의 첫 ETF 포트폴리오

송민섭(수페TV) 지음

TORNADO
토네이도

투자자에게 가장 중요한 자질은
지성이 아닌 인내심이다.

**_워런 버핏**Warren Buffett

# 나는
# 마음 편한 투자를
# 하기로 했다

투자를 하다 보면 다양한 감정을 느끼게 됩니다. 코로나19같이 예상하지 못한 위기로 주가가 바닥을 쳐 고통을 겪기도 하고 특별한 호재로 주가가 올라 온종일 입가에 미소가 번지기도 합니다. 어릴 때는 담을 쌓고 살았던 뉴스, 그것도 경제 관련 기사를 스스로 매일 찾아봅니다. 내 인생과는 상관없는 일이라고 여겨온 반도체 슈퍼사이클(장기적 가격 상승 추세)이 중요하게 느껴지고 내가 참석하는 회의라도 되는 것처럼 긴장하며 미국 연방공개시장위원회FOMC 회의록을 몇 번이고 살펴보게 됩니다. 혹시 당신도 이런 하루하루를 살고 있나요?

만약 그렇다면 한번 물어보고 싶습니다. 이런 투자가 옳은 투자일까요? 물론 투자에 정답은 없습니다. 하지만 당신이 하기 싫은데 억지로 이렇게 주식투자를 하고 있다면, 주식투자가 당신에게 스트레스를 주고 있다면 투자로 수익이 발생해도 올바른 투자를 하고 있다고 볼 수 없습니다. 경제 지식 공부를 좋아하고 새로운 투자처 탐색이나 투자전략 세우기를 즐기는 사람 혹은 그 일을 직업으로 가진 사람이 아니라면 이런 투자에서 한발 물러나는 것이 좋습니다. 주식투자를 할 때는 지치지 않는 것이 무엇보다도 중요한 요소기 때문입니다.

왜일까요? 주식투자의 꽃은 복리입니다. 1926년부터 2021년까지 미국 S&P 500에 투자했다고 가정해봅시다. 이 기간 중 어느 시점을 고르더라도 그 시점에서 20년이 지난 후 수익이 나지 않은 경우는 없었습니다. 그만큼 길게 보면 시장은 꾸준히 우상향해왔습니다. 그리고 그 과정에서 얻은 수익을 재투자하길 반복했다면 좋은 결과를 얻었을 것입니다. 투자의 대가 워린 버핏 역시 14세부터 시작해 93세인 지금까지 투자를 계속하며 자산을 늘려왔습니다. 반면 나에게 잘 맞지 않는 방법을 따르다가 지쳐 단기간에 투자를 멈추면 실패할 확률이 높아집니다.

그렇다면 아무 주식이나 사서 오랫동안 묻어놓으면 모두 투자에 성공할까요? 여기서 버핏과 우리의 차이점이 하나 있습니다. 버핏은 직접 자신이 투자할 기업을 판별하고 투자 포트폴리오를 구성할 수 있는 능력이 있지만 우리는 그렇지 못하다는 것입니다. 즉, 개인이 버핏처럼 주식투자로 수익을 내기는 어렵다는 뜻입니다.

하지만 포기하기에는 아직 이릅니다. 개인이 주식투자에 불리하다는 말은 30년 전 이야기입니다. 기술이 발전함에 따라 언제 어디서나 손쉽게 투자할 수 있는 환경이 조성됐고 다양한 투자 상품이 등장해 누구나 버핏처럼 복리 투자로 꾸준한 수익을 만들 수 있게 됐습니다. 그 대표적인 예가 바로 ETFExchange Traded Fund입니다.

ETF란 인덱스펀드를 일반 주식처럼 거래할 수 있도록 거래소에 상장한 상품으로 1993년 처음 등장했습니다. 최초의 ETF는 S&P 500 지수를 추종하는 SPY라는 상품인데 쉽게 말하면 스탠더드 앤드 푸어가 선정한 보통주 500종목의 주가지수를 따라 투자하는 상품입니다. 버핏은 미리 작성한 유서에 본인 자산의 90%를 지수 추종 ETF에 투자하라고 남겼을 정도로 ETF를 긍정적으로 평가했습니다.

ETF는 기사 하나에 전전긍긍하며 스트레스받는 투자에서 벗어나 마음 편한 투자를 할 수 있게 해줍니다. 하나의 종목이 아닌 산업 혹은 시장 전체에 투자하는 상품, 즉 숲을 보는 상품이기 때문입니다. ETF 한 종목의 포트폴리오에는 적게는 10개에서 많게는 수천 개 기업이 포함돼 있습니다. 이런 ETF로 투자 포트폴리오를 구성하면 그만큼 분산투자 효과를 누릴 수 있어 잃지 않는 투자를 할 수 있습니다. 또한 경제 뉴스, FOMC 회의, 기업실적 등 이런저런 경제 이슈에 민감하게 반응하지 않아도 되기 때문에 내 본업과 일상에 더욱 집중하며 투자할 수 있습니다.

저는 경제, 재테크를 주제로 한 유튜브 채널 '수페TV'를 운영하고 있습니다. 그리고 트렌디한 분석과 진정성 있는 콘텐츠로 투자를 이제 막 시작했거나 장기 투자를 준비 중인 다양한 세대에게 큰 사랑을 받고 있습니다. 제가 이 책을 쓴 이유는 투자의 필요성은 알지만 기업의 불확실성에 대처하기 어려워하는 초보 투자자에게 ETF라는 좋은 대안을 가르쳐주고 이들이 마음 편히 오래오래 투자할 수 있도록 돕고 싶었기 때문입니다. 경제적 자유를 꿈꾸는 사람들에게 제가 10년 동안 공부한 ETF의 모든 것을 나누고 싶습니다.

이 책의 초반부에서는 ETF에 관한 기초 지식을 초보자도 쉽게 이해할 수 있도록 다룹니다. 나아가 기술주, 배당주, 중소형주 등 다양한 ETF 종목을 살펴보면서 여러 가지 주제와 목적에 따른 ETF 투자 방법을 소개합니다. 또한 소액 적립식 투자부터 목돈 투자까지 금액별, 생애주기별 포트폴리오 설계법을 소개해 자신만의 투자 포트폴리오를 만들 수 있도록 도와줍니다. 마지막으로 포트폴리오 비율 조정 비법과 초보자들이 가장 궁금해하는 ETF 관련 질문을 소개합니다. 이 책을 통해 쉽고 홀가분한 투자가 무엇인지 깨닫게 될 것입니다.

투자는 마라톤입니다. 원하는 수익을 안정적으로 달성하려면 오랫동안 투자를 계속해야 하며 이 과정은 생각보다 지루합니다. 그렇기 때문에 지치지 않고 꾸준히 뛸 수 있는 체력을 길러야 합니다. 또 사람마다 타고난 체질과 체형이 다르듯 투자 체력을 기르려면 무작정 다른 사람의 방법을 따라 할 것이 아니라 나에게 딱 맞는 훈련을 해야 합니다.

투자 체력을 키우는 훈련은 나만의 포트폴리오를 구성하는 데서부터 시작됩니다. 이 책이 소개하는 ETF 이야기를 따라가며 스스로 포트폴리오를 만들어보길 그리고 나만의 마음 편한 투자를 시작해보길 바랍니다. 그렇게 딱 10년만 투자하다 보면 달라지는 인생을 실감할 수 있을 것입니다. 행복한 미래의 첫 단추를 이 책이 달아드리겠습니다.

송민섭(수페TV)

# 차례

## 5장 노후를 준비하는 배당 ETF 투자

## 6장 투자가 두려운 사람들을 위한 채권과 금 ETF

## 7장 내 입맛에 맞는 테마별 ETF 투자

## 3부 나의 첫 ETF 포트폴리오

### 8장 QQQ와 함께 투자하면 좋은 ETF

### 9장 ETF 포트폴리오 만들기

## 10장 연금저축 시작하기

## 11장 포트폴리오 리밸런싱과 매매전략

## 12장 ETF에 대한 모든 질문과 답변

# 1부

# ETF
# 제대로 시작하기

# $⑤$ 1장 $⑤$

# 지금 ETF에
# 주목해야 하는 이유

## 워런 버핏은 ETF를 좋아해!

20세기를 대표하는 미국 사업가이자 투자가로 투자의 귀재라 불리는 워런 버핏에게 누군가 '유서를 쓴다면 어떤 말을 쓰겠냐'고 물었습니다. 그러자 버핏은 "재산의 90%는 인덱스펀드(ETF)에 투자하라"라고 쓰겠다고 답했습니다. 이 이야기가 알려지면서 실제로 ETF에 투자하는 사람들이 점점 늘어났습니다. 물론 저도 그중 한 명입니다.

ETF는 Exchange Traded Fund의 약자입니다. 번역하면 '상장 지수 펀드'로 자산운용사에서 운용하는 투자 상품 중 하나입니다. 특정한 상장 지수에 따라 여러 가지 종목으로 구성된 인덱스펀드를 상장해 주식처럼 사고팔 수 있도록 만든 것입니다.

버핏의 ETF 사랑은 주주총회에서도 자주 언급되는 주제입니다. 이와 관련해 유명한 일화가 하나 있습니다. 2008년 한 헤지펀드 회사와 버핏이 10년간 투자수익률 내기를 했습니다. 버핏은 지수를 추종하는 ETF에 투자하고 헤지펀드 회사에서는 실력 좋은 매니저가 5개 종목을 트레이딩해 10년 뒤 어느 쪽의 수익률이 높을지 경쟁하기로 한 것입니다. 그런데 만기 시점을 1년 남겨둔 2016년 헤지펀드사에서 항복을 하고 맙니다. 9년간의 수익률을 비교해본 결과 버핏의 ETF는 85.4%, 헤지펀드사는 22.0%로 무려 4배 가까이 차이가 벌어진 것입니다. 버핏의 완벽한 승리였습니다. 이 일화는 세상에 ETF의 매력을 제대로 보여줬습니다.

승리한 버핏은 덤덤하게 본인이 이길 수밖에 없었던 이유를 밝혔습

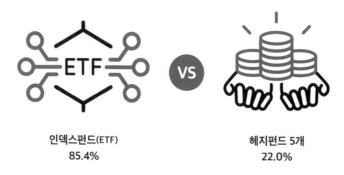

인덱스펀드(ETF)
85.4%

헤지펀드 5개
22.0%

표1. 인덱스펀드와 헤지펀드의 수익률

니다. 그는 10년간 아무것도 하지 않고 지수 추종 ETF에 돈을 묻어뒀기 때문에 0.03~0.2% 정도의 아주 적은 수수료만 지급했습니다. 반면 헤지펀드가 운용한 상품의 수수료는 운용 수수료(투자금의 2%), 성과 수수료(수익의 20%) 등 매니저의 수당까지 포함돼 아주 높게 책정됐습니다. 그러니 당연히 수익률도 낮을 수밖에 없었죠. 헤지펀드는 수익률이 높아질수록 매니저의 수당도 함께 올라가기 때문에 시간이 지날수록 버핏에게 유리한 게임이 된 것입니다. 이 승부는 나아가 대중에게 보수와 수당에 대한 새로운 인식을 심어주며 이 요소들이 투자에 걸림돌이 된다는 점을 증명했습니다.

과거에는 자산운용사에서 기업을 묶어 투자하는 펀드 상품을 주로 판매했습니다. 이런 상품은 펀드매니저가 운용하기 때문에 개인투자자가 그때그때 직접 사고팔 수 없었습니다. 펀드매니저가 주기적으로 보내주는 수익률 보고서를 통해 투자처가 어디고 수익률은 어떤지 한참 뒤에 알 수 있었죠. 빠르게 거래하고 싶거나 다른 사람의 간섭을 받고 싶지 않은 투자자에게는 어울리지 않는 상품이었던 것입니다. 이런 단점을 개선한 상품이 바로 ETF입니다. 주식처럼 투자자가 직접 매매할 수 있으며 펀드매니저를 통해 거래하지 않기 때문에 수수료 또한 저렴한 편입니다.

우리나라 투자자들도 ETF에 주목하고 있습니다. 최근 몇 년간 주식투자에 대한 관심이 높아지면서 ETF 투자자가 계속 증가하는 추세를

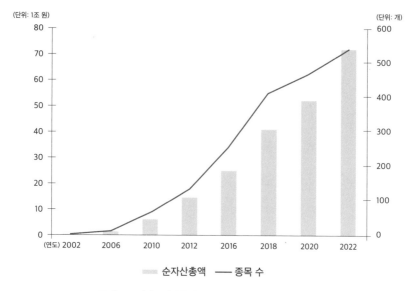

(단위: 1조 원)　　　　　　　　　　　　　　　　　　　　　　　(단위: 개)

표2. 국내 ETF 시장 순자산총액 및 상장종목 수 추이(기준월: 2022.2.)

보이고 있는데요, 2002년 처음 형성될 당시만 해도 종목 수 4개, 순자산총액 3444억 원에 그쳤던 국내 ETF 시장은 2021년 말 기준 순자산총액이 70조 원을 넘었으며 ETF 종목 수 역시 526개로 증가했습니다. 특히 연금저축과 퇴직연금으로 국내 상장 ETF에 투자할 수 있게 되면서 ETF 거래는 더욱 활발해졌습니다. 지금 이 시간도 여러 자산운용사에서는 다양한 ETF 상품의 상장을 준비 중입니다.

# 직접투자 대 ETF 투자

지속적인 화폐가치 하락과 소비자물가 상승으로 투자는 선택이 아닌 필수가 됐습니다. 은행 예적금, 즉 저축을 통한 재테크만으로는 치솟는 물가를 따라잡기 어려울 뿐 아니라 자산을 축적하기도 힘들어졌기 때문입니다. 식당에 가면 원가 상승으로 인해 음식 가격을 올린다는 안내문이 심심치 않게 보입니다. 스타벅스 역시 7년 6개월 만에 아메리카노 가격을 인상했습니다. 같은 음식을 먹고 같은 옷을 입고 똑같이 생활을 해도 더 많은 돈이 나가게 된 것입니다. 더 충격적인 사실은 그만큼 내 소득도 올랐는지 생각해보면 그렇지 않다는 것이죠.

가만히 있으면 손해를 보는 것은 분명한데 어떻게 투자를 시작해야 할지 생각하면 막막하기만 합니다. 무턱대고 남들을 따라 주식투자를 시작했다가 손해만 보고 '주식은 나랑 안 맞아. 다시는 하지 말아야지' 하고 다짐한 사람도 있을 것입니다. 하지만 주식투자에 절대적으로 옳은 방법은 없습니다. 어떤 종목이든 싸게 사서 수익이 나면 잘한 것이고 비싸게 사서 손해를 보면 못한 것입니다.

어떤 방법이 잘 맞는지는 사람마다 다릅니다. 누군가는 시간을 많이 쓰고 부지런하게 투자하는 대신 빠르게 수익을 내는 것을 선호할 수 있고 누군가는 천천히 수익이 나더라도 시간과 감정을 적게 소모하는 쪽을 선호할 수 있습니다. 다만 당신이 투자에 많은 시간을 쏟지 않고 매일 가는 식당의 밥값이 올라가는 속도보다는 빠르게 내 자산을 늘리고 싶다면, 큰 스트레스를 받지 않으면서 은행 금리보다는 더 높은 수익을 거두고 싶다면, 즉 게으르게 투자하면서도 남들에게 뒤처지지 않고 싶다면 이 책을 나침반으로 삼으면 됩니다.

어떻게 하면 게으르게 투자하고 수익을 낼 수 있을까요? 이 질문의 답을 찾으려면 주식투자와 ETF 투자의 차이를 생각해보면 됩니다. 주식투자를 할 때는 투자하고 싶은 기업의 재무제표를 보고 과거 몇 년간의 매출, 순이익, EPS, 배당 데이터를 확인한 뒤 해당 산업 분야의 전망과 그 기업의 시장점유율 등을 고려해 투자 여부를 결정합니다. 여기서 끝이 아닙니다. 매 분기마다 이미 본 데이터를 다시 확인하면서 투자를 이어가야 합니다. 이렇게 정확한 분석과 꾸준한 모니터링을 병행해야 수익률이 아름답겠죠.

하지만 저처럼 투자를 좋아하고 미래가치를 평가하는 일을 즐기는 사람이 아니라면 주식투자의 모든 과정이 상당히 괴로울 것입니다. 이런 일을 상상만 해도 귀찮고 하기 싫은 마음이 몽글몽글 피어오른다면 ETF 투자가 제격입니다.

미국 주식시장의 대표 지수 S&P 500을 추종하는 ETF인 SPY를 예로 들어보겠습니다. SPY는 미국에 상장된 500개 우량기업에 투자하는 상품입니다. 이 기업들은 정보기술, 금융, 헬스케어, 소비재 등 다양한 분야에 분포돼 있습니다. 따라서 속된 말로 500개 기업 중 하나가 망해도 SPY는 망하지 않습니다. 500분의 1정도의 충격만 받습니다. 시가총액에 따라 그 여파가 다르기는 하겠지만 SPY ETF 자체가 상장폐지되지는 않습니다. S&P 500에서 망한 기업이 빠지고 501번째로 대기하고 있던 기업이 들어오면 자연스럽게 SPY ETF도 새로운 기업에 투자를 이어갑니다. 하지만 만약 당신이 그 한 기업에 직접투자했다면 리스크를 온전히 떠안았겠죠.

이 모든 작업은 투자자 개인이 직접 하는 것이 아니라 ETF를 운용하는 운용사에서 합니다. 처음에 투자자가 투자를 할지 말지만 결정하면 나머지는 운용사에서 알아서 해주는 구조입니다. 그 대신 수수료 개념의 보수를 약간 지불하면 됩니다. 총보수는 보통 0.03~0.8% 정도로 스마트폰 요금처럼 날일로 계산해 평가금액에 포함됩니다. 우리의 소중한 시간과 감정을 지켜주는 비용이라고 생각하면 감수할 만한 대가입니다.

물론 ETF에 투자한다고 해서 아무것도 공부하지 않아도 되는 것은 아닙니다. 미국증시를 추종하는 ETF에 투자하기로 결정했다면 당연히 금리, FOMC의 결정, 유가 등 거시적인 관점에서 미국 주식시장의 미래를 생각해야 할 것입니다. 전기차 관련 ETF에 투자했다면 전기차 산업의 전망, 판매량, 침투율 등 해당 산업 분야의 장래를 주시해야 합니다. 하지만 그 안의 기업 모두를 하나하나 살펴볼 필요까지는 없습니다. 즉, 투자를 보는 시각이 바뀌게 되는 것입니다.

하나의 기업보다 그 기업이 속한 산업 전반에 투자하는 것이 실패할 확률이 낮습니다. 분산투자 효과를 누릴 수 있기 때문에 리스크 관리에도 유리합니다. 이는 과거 사례로도 증명이 가능합니다. 2000년 세계 시가총액 순위를 보면 시스코, 마이크로소프트, 노키아, 인텔, 오라클순이었고 2022년에는 애플, 마이크로소프트, 사우디 아람코, 구글, 아마존순입니다. 2000년 세계 시가총액 10위권에 속했던 기업 중 마이크로소프트만이 살아남아 있습니다. 2000년 당시에는 인텔과 IBM이 컴퓨터 산업의 미래를 책임질 기업이라고 떠들어댔습니다. 이들을 두고 마이크로소프트를 선택하기는 어려웠죠.

하지만 이와 관련한 ETF에 투자했다면 순위에 있던 한 기업이 상장 폐지됐거나 실적이 저조해 주가가 하락했더라도 상관없습니다. ETF가 주기적으로 리밸런싱(자산 균형 재조정)을 해서 해당 기업의 투자 비중을 줄이거나 투자 목록에서 아예 탈락시키기 때문입니다. 2000년부터 지금까지 S&P 500 지수 추종 ETF에 투자하고 있었다면 자동으로 2000년에는 시스코에, 2022년에는 애플에 높은 비중을 두고 투자하게 됩니다.

물론 ETF 투자에는 단점도 존재합니다. 지수 추종 상품은 시장을 뛰어넘는 수익을 낼 수 없다는 것입니다. 2021년 애플에 직접투자했다면 현재 50% 가까운 수익을 냈을 것입니다. 반면 S&P 500 지수에 투자했다면 수익이 25% 정도에 그칩니다. 25%도 적은 수익은 아니지만 내가 투자하고자 하는 기업에 대해 잘 알고 그 기업의 미래가치가 높게

| 순위 | 시가총액 순위 | |
|------|---------|---------|
| | 2000년 | 2022년 |
| 1 | 시스코 | 애플 |
| 2 | 마이크로소프트 | 마이크로소프트 |
| 3 | 노키아 | 사우디 아람코 |
| 4 | 인텔 | 구글 |
| 5 | 오라클 | 아마존 |
| 6 | IBM | 테슬라 |
| 7 | EMC 코퍼레이션 | 버크셔 해서웨이 |
| 8 | 소니 | 엔비디아 |
| 9 | 노텔 네트웍스 | 메타 |
| 10 | 에릭슨 | TSMC |

표3. 2000년과 2022년 시가총액 순위 비교

평가된다면 직접투자가 더 좋은 선택일 수 있습니다. 이렇게 직접투자와 ETF 투자에는 각각 장단점이 존재합니다. 하지만 게으르게 투자하고 확실하게 수익을 내는 것을 목표로 한다면 ETF 투자가 더 매력적인 수단임은 부정할 수 없습니다.

직접투자와 ETF 투자, 둘 중 어떤 투자를 해야 할지 고민이 된다고요? 양자택일로 무조건 하나를 선택할 필요는 없습니다. 내가 잘 아는 분야에는 직접투자하고 잘 모르지만 유망한 산업에는 ETF로 투자하면 됩니다. 투자에서는 언제나 상황에 따라 유연하게 대응하는 것이 중요합니다.

# 한국인인 내가 미국 ETF에 투자해야 하는 이유

손흥민은 한국을 대표하는 자랑스러운 축구선수입니다. 2021년 손흥민 선수가 영국 프리미어리그 구단 토트넘과 계약한 연봉은 주급 20만 파운드(한화 약 3억 원)였습니다. 한 달이면 12억 원 이상 받는 것입니다.

손흥민 선수가 프리미어리그로 나가지 않고 국내 리그에 머물렀다면 이렇게 큰 연봉 계약을 성사시킬 수 있었을까요? 전 세계가 열광하고 그만큼 많이 소비되는 글로벌 시장으로 진출했기 때문에 자신의 실력에 맞는 대우를 받게 된 것입니다. 손흥민이 글로벌 축구 시장인 프리미어리그에서 활동한다면 개인투자자인 저의 무대는 글로벌 금융시장인 미국입니다. 그리고 이 시장에서 저는 국내에서보다 더 안정적으로 수익을 내고 있습니다.

2011년 저는 국내 주식에 투자를 시작했습니다. 그로부터 약 5년간 지루한 박스피를 경험했습니다. 가치주, 테마주, 배당주 등 돈이 될 만한 주식과 그에 관한 기업을 모두 공부하고 투자를 해봤지만 저에게 국내 주식시장은 기울어진 운동장과 같았습니다. 개인투자자로서 큰 수익을 내기란 정말 어렵다는 사실을 깨달았습니다. 그리고 결정적으로 바이오 기업에 투자하면서 뼈아픈 실수를 하게 됐습니다.

하지만 저는 여기서 포기하지 않고 해외로 시선을 돌렸습니다. 그렇게 미국 주식에 투자를 시작하면서 해외에는 삼성전자 같은 기업이 정말 많다는 사실을 알게 됐습니다. 주주 친화적인 기업은 투자자에게 배당을 주기도 하는데 미국에는 50년 넘게 배당을 늘려온 기업이 40개나 있었습니다. 이 기업 중 한 곳에라도 투자했다면 매년 배당금이 늘어나 노후가 더욱 풍요로워졌겠죠? 당연히 이렇게 배당을 늘려온 기업에 투자하는 ETF 상품도 있습니다.

우리는 보통 한국 주식과 미국 주식 중 어디에 투자해야 할지 고민합니다. 한국인으로서 속상할 수도 있지만 냉정하게 말하면 이는 자국 편향적인 시각입니다. 질문을 이렇게 바꿔보면 어떨까요? '세계시장, 어느 국가에 투자할까?'

[표4]를 살펴보면 전 세계 주식시장 규모 중 1위인 미국은 전체에서

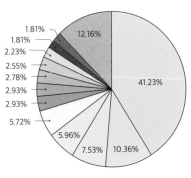

| □ 미국, 33.89조 | ▨ 캐나다, 2.4조 | ▮ 호주, 1.48조 |
| □ 중국, 8.51조 | ▨ 사우디아라비아, 2.4조 | ▮ 대한민국, 1.48조 |
| □ 일본, 6.19조 | ▨ 인도, 2.28조 | ▮ 기타 |
| □ 홍콩, 4.89조 | ▨ 독일, 2.09조 | |
| □ 벨기에, 4.07조 | ▨ 스위스, 1.83조 | (단위: 달러) |

표4. 2019년 전 세계 주식시장 규모

| 기업 | 국가 | 시가총액(달러) | 시가총액(원) |
|---|---|---|---|
| 애플 | 미국 | 2조 8198억 | 3373조 |
| 마이크로소프트 | 미국 | 2조 2526억 | 2694조 |
| 사우디 아람코 | 사우디아라비아 | 1조 9973억 | 2389조 |
| 구글 | 미국 | 1조 5928억 | 2158조 |
| 아마존 | 미국 | 1조 5928억 | 1905조 |
| 테슬라 | 미국 | 9533억 | 1140조 |
| 버크셔 해서웨이 | 미국 | 7049억 | 843조 |
| 엔비디아 | 미국 | 6624억 | 792조 |
| 메타 | 미국 | 6015억 | 710조 |
| TSMC | 대만 | 6014억 | 709조 |

표5. 전 세계 기업 시가총액 순위(기준월: 2022. 2.)

41.23%를 차지하고 있습니다. 2위인 중국은 10.36%고 한국은 1.81%로 10위권 밖에 머물러 있습니다. 한편 [표5]를 살펴보면 2022년 2월 기준 전 세계 시가총액 상위 10위 기업 중 8개가 미국 기업입니다. 다시 말해 미국 시장의 규모는 한국 시장의 10배가 넘고 삼성전자 같은 기업 역시 그만큼 많다는 것입니다. 따라서 투자를 통해 좋은 성과를 얻을 확률도 높습니다. 코스피와 S&P 500의 성장률을 비교해봐도 쉽게 이해할 수 있습니다. 이런 상황에서 과연 어느 시장에 투자하는 것이 좋은 선택일까요?

미국 주식시장에 투자하면 좋은 점이 하나 더 있습니다. 바로 달러 투자가 자연스럽게 이뤄진다는 것입니다. 미국 주식은 달러로 투자를 해야 합니다. 따라서 계좌에 달러 자산이 생기고 환율에 노출됩니다. 미국 주식에 투자하지 않는 사람의 자산은 대부분 부동산과 현금, 즉 원화로 구성돼 있을 확률이 큽니다. 이런 경우 국내 경제에 악재가 발생했을 때 리스크를 관리하기가 어렵습니다.

과거 IMF 사태, 리먼 브라더스 사태 같은 경제 위기가 일어났을 때를 떠올려봅시다. 국내 시장에만 투자했다면 환율이 치솟으면서 자산이 쪼그라드는 경험을 했을 것입니다. 예를 들어 1달러에 1000원이던 환율이 2000원으로 올라가면 우리나라에서 10억 원짜리 아파트를 해외에서는 5억 원에 매수할 수 있게 됩니다. 게다가 경제 상황이 좋지 않다 보니 아파트 가격까지 하락해 2~3억 원에도 거래가 가능해집니다. 실제로 당시 해외에 거주하던 사람들은 자신이 갖고 있는 달러로 우리나라 부동산과 주식을 저렴하게 매수할 기회를 얻기도 했죠.

그렇다면 미국의 일반 주식과 ETF 중 무엇에 투자하는 것이 좋을까요? 해외 ETF에 대한 투자자들의 사랑은 날이 갈수록 뜨거워지고 있습니다. 그만큼 미국 ETF 시장의 규모 역시 거대해지고 있습니다. 가령 미국에서 많은 관심을 받고 있는 SPY ETF 1개의 순자산총액은 450조 원이 넘습니다. 이는 국내 전체 ETF 순자산총액의 7배에 달하는 수치입니다. 그만큼 미국 ETF 시장으로 많은 돈이 몰리고 있으며 미국 ETF는 글로벌 주식시장의 대표주자로서 위엄을 보여주고 있습니다.

미국 개별 주식에 투자하는 것과 ETF에 투자하는 것 중 무엇이 좋을지에 답하기 위해 예를 하나 들어보겠습니다. '온라인 쇼핑' 하면 생각나는 한국 기업으로 네이버와 쿠팡이 있다면 글로벌 기업으로는 아마존이 있습니다. 세계적으로 온라인 쇼핑 거래금액은 몇 년째 꾸준히 상승하고 있으며 이커머스 시장의 전망은 앞으로도 계속 밝을 것으로 예상되죠. 그렇다면 현재 이 분야의 글로벌 1위 기업인 아마존에 투자하고 싶은 마음이 드는 것도 당연하겠죠?

잠깐 아마존을 검색해 주가를 알아봅시다. 2022년 2월 기준 1주에 3000달러, 한국 돈으로는 350만 원 정도 됩니다. 2020년 기준 직장인 평균 월급이 320만 원이라고 하니 아마존 주식 1주가 평범한 직장인 월급보다 비쌉니다. 1인 가구 월평균 생활비가 132만 원 정도니 생활비를 제외하면 두 달에 1주 정도 살 수 있겠네요. 미국 주식에 투자를 시작하려는 초보자에게는 절망적인 소식이 아닐 수 없습니다. 리스크를 최소화하려면 아마존뿐만 아니라 애플, 마이크로소프트, 구글 등 다양한 기업에 분산투자해야 하는데 아마존만 두 달에 1주 매수하는 것은 현명한 선택이 아닙니다.

이럴 때 좋은 대안이 바로 ETF 투자입니다. 해외 ETF 중에는 XLY라는 ETF 종목이 있는데요, 이 종목에도 아마존이 포함돼 있습니다. XLY의 가격은 2022년 2월 기준 181달러, 한화로 약 21만 원입니다. 아마존 1주 가격의 10분의 1도 되지 않습니다.

XLY는 다양한 임의소비재consumer discretionary 기업에 투자하는 종목입니다. XLY를 매수하면 그에 포함된 64개 기업에 분산투자를 하는 효과를 누릴 수 있습니다. 여기서 임의소비재란 간단히 말해 구매자의 재정 상황에 따라 소비 패턴이 달라지는 상품으로 아마존, 맥도날드, 나이키, 스타벅스 등이 바로 임의소비재와 관련된 기업입니다. 그리고 이 기업들은 모두 XLY ETF에 포함돼 있습니다. XLY 한 종목을 매수함으로써 아마존뿐만 아니라 나이키와 스타벅스에까지 투자하게 되는 것입니다.

당신은 350만 원에 아마존 1주를 매수하고 싶은가요, 아니면 21만 원으로 아마존을 포함한 64개 임의소비재 글로벌 기업에 분산투자를 하고 싶은가요? 투자 성향에 따라 답이 달라지긴 하겠지만 투자 자금이 크지 않고 매달 적립식으로 투자할 생각이라면 후자가 더 현명한 선택일 것입니다.

기축통화인 달러 자산을 확보하는 것은 투자 리스크를 줄이는 방어책일 뿐만 아니라 자산 배분의 첫 단추를 꿰는 일입니다. 해외 기업에 직접투자하는 것도 좋고 테마별로 해외 ETF에 투자하는 것도 괜찮습니다. 내 자산이 어떻게 분배돼 있는지 확인하고 포트폴리오를 다각화하는 작업을 꼭 해보길 바랍니다.

# ETF의 다섯 가지 장점

지금까지 ETF에 투자해야 하는 이유를 살펴봤습니다. 본격적으로 ETF에 투자하는 방법을 알아보기에 앞서 마지막으로 ETF 투자의 다섯 가지 장점을 정리해보겠습니다.

첫째, 다양한 분야에 투자할 수 있습니다. ETF에 투자한다면 기본적으로 상장기업을 모아 지수와 섹터에 따른 투자를 할 수 있습니다. 나아가 부동산, 채권, 금, 은, 원유 등 기타 투자 상품으로도 확장이 가능합니다. ETF의 종류는 무궁무진하며 여러 자산운용사에서는 대표 지수를 추종하는 ETF뿐만 아니라 소비자 니즈에 맞는 ETF 상품을 활발하게 출시하고 있습니다.

둘째, 적은 금액으로 분산투자 효과를 누릴 수 있습니다. 앞에서 잠깐 언급했듯이 ETF는 아마존처럼 1주당 단가가 비싼 기업에 소액으로 투자할 기회를 제공합니다. 즉, 개별 주식의 대체 수단이 될 수 있습니다. 나아가 스스로 포트폴리오를 구성하기 어려워하는 투자자도 쉽게 분산투자를 할 수 있도록 만들어줍니다.

셋째, 펀드의 장점은 살리고 단점은 보완한 상품입니다. 개인이 투자 기업 포트폴리오를 구성하지 않아도 되면서 펀드처럼 운용사에 높은 보수를 지불할 필요가 없어 수수료가 저렴합니다. 또 개별 주식처럼 실시간으로 원하는 만큼 쉽고 빠르게 거래할 수 있습니다.

넷째, 간접투자를 할 수 있어 기업 분석에 대한 부담이 적습니다. 미국 S&P 500 지수를 추종하는 ETF에 투자하면 따로 기업의 재무제표와 미래가치를 평가할 필요 없이 미국 주식시장의 전반적인 흐름을 살펴보면서 가볍게 투자를 할 수 있습니다.

마지막 다섯째, 주식배당처럼 ETF 역시 분배금을 받을 수 있습니다. 미국 주식투자의 매력 중 하나는 배당주 투자입니다. 그런 배당주를 모아놓은 ETF에 투자하면 각 기업의 배당금만큼 ETF에서 자체적으로 분배금을 지급해줍니다.

아직까지는 ETF라는 용어가 조금 어색하게 느껴지고 어떻게 투자를 시작해야 할지 막막할 수 있습니다. 하지만 걱정할 필요 없습니다. 이 책을 끝까지 읽고 나면 ETF를 이해하는 것은 물론 나에게 적합한 포트폴리오가 무엇인지 깨닫고 나만의 투자전략을 세울 수 있습니다.

**정리하기** **ETF의 다섯 가지 장점**

1. 다양한 분야의 투자 상품과 테마별 상품이 많다.
2. 적은 금액으로 분산투자 효과를 누릴 수 있다.
3. 펀드보다 보수가 낮고 실시간 거래가 가능하다.
4. 간접투자를 할 수 있어 기업 분석에 대한 부담이 적다.
5. 주식배당금처럼 ETF 분배금을 받을 수 있다.

# ETF 투자 전 알아야 할 기초 상식

## ETF 이름 분석하기

해외 ETF에 투자할 때 볼 수 있는 QQQ, SPY 같은 3~4글자의 알파벳은 ETF의 정식 명칭이 아닙니다. 종목을 쉽게 알아보기 위해 사용하는 별칭 같은 것인데 이를 '티커ticker'라고 부릅니다.

한편 국내에서는 티커 대신 코드 번호, 즉 숫자를 사용해 종목을 구분합니다. S&P 500 지수를 추종하는 ETF를 예로 들어보면 해외에서는 SPY, VOO, IVV라는 티커를 사용하고 국내에서는 360750, 360200 같은 코드 번호를 사용하는 식입니다.

이 5개 종목은 모두 S&P 500 지수를 추종하지만 운용사가 다르기 때문에 티커와 코드 번호도 다릅니다. 그럼 수익률은 같을까요? 수익률도 조금씩 차이가 납니다. 각 회사마다 ETF를 운용하는 방식이 다르고 오차율도 다르기 때문에 같은 지수를 추종한다고 해도 수수료가 100% 같지는 않습니다. 따라서 내가 투자하고자 하는 분야를 다루는 ETF가 여러 가지라면 그중 총보수와 오차율이 가장 낮은 상품을 선택하는 것이 좋습니다.

종목명을 보면 ETF의 성향을 알 수 있습니다. 가령 SPY의 정식 명칭은 'SPDR S&P 500 ETF Trust'입니다. 맨 앞의 SPDR은 스테이트 스트리트라는 운용사의 브랜드명입니다. 그 뒤의 S&P 500은 해당 ETF가 추종하는 지수를 말합니다. VOO의 정식 명칭은 'Vanguard S&P 500 ETF'인데요, 뱅가드에서 운용하는 S&P 500 지수 추종 ETF라고 유추할 수 있겠죠?

국내 ETF도 마찬가지입니다. 종목명으로 ETF의 성향을 알 수 있습니다. 앞에서 언급한 코드 번호 360750의 정식 명칭은 'TIGER 미국 S&P500'입니다. 맨 앞의 TIGER는 미래에셋자산운용사의 브랜드명이고 뒤에 있는 미국S&P500은 미국의 S&P 500 지수를 추종하고 있다는 것을 나타냅니다.

좀 더 복잡한 국내 종목명을 하나 볼까요? 'KODEX 미국나스닥 100TR'이라는 ETF가 있습니다. 하나씩 해석하면 KODEX는 삼성자산

운용사의 브랜드명이고 미국나스닥100은 이 ETF가 추종하는 지수 이름입니다. 끝에 있는 TR은 'Total Return'의 줄임말로 ETF 투자로 발생한 배당을 분배금으로 나눠주지 않고 자동으로 재투자하는 방식을 뜻합니다.

추가로 뒤에 (H)라는 글자가 붙어 있으면 환율이 방어되는 상품이란 뜻입니다. 즉, 미국에 투자한다면 달러 환율 변동에 따라 내 자산의 수익률이 변하지 않게 방어해준다는 것입니다.

반대로 (H)가 붙지 않은 해외 투자 상품은 일반적으로 환율에 노출돼 있기 때문에 환율이 변하면 내 수익률도 함께 달라집니다. ETF에

| 구분 | 티커/코드 | 정식 명칭 | 브랜드명 | 운용사 | 추종 지수 | 기타 |
|------|-----------|-----------|----------|--------|-----------|------|
| 해외 | SPY | SPDR S&P500 ETF Trust | SPDR | 스테이트 스트리트 | S&P 500 | |
| | VOO | Vanguard S&P500 ETF | 뱅가드 | 뱅가드 | | |
| | IVV | iShares Core S&P 500 ETF | 아이셰어즈 | 블랙록 | | |
| 국내 | 360750 | TIGER 미국S&P500 | TIGER | 미래에셋자산운용 | | |
| | 360200 | KINDEX 미국S&P500 | KINDEX | 한국투자신탁운용 | | |
| | 379800 | KODEX 미국S&P500TR | KODEX | 삼성자산운용 | | 분배금 재투자 |

표6. 국내외 S&P 500 ETF 구분

투자하는 목적이 달러 자산을 확보하는 것이라면 환율에 노출된 상품에 투자해야 하니 이 부분을 꼭 확인해야 합니다. 이렇게 ETF의 이름을 보면 운용사, 추종지수, 분배금 재투자, 환율 노출 여부 등 해당 ETF에 관한 정보 대부분을 쉽게 파악할 수 있습니다.

## ETF 운용사, 어디가 좋을까?

ETF 운용사란 ETF 상품을 개발하고 운용, 관리하는 회사를 뜻합니다. 우리나라에는 미래에셋자산운용, 삼성자산운용, KB자산운용 등이 있죠. 이 세 곳은 국내 대표 운용사로 우리가 주식을 거래할 때 익숙하게 봐온 증권사 대부분이 별도의 운용사를 두고 있습니다.

그럼 글로벌 ETF 시장에서 한국의 위치는 어디쯤일까요? 전 세계 ETF 운용사의 자산 규모Assets Under Management, AUM를 1위부터 나열해보면 [표7]과 같습니다. 압도적인 1위는 자산 규모가 2조 3000억 달러에 달하는 블랙록이고 2위는 뱅가드입니다.

해외 주식에 투자를 하고 있다면 블랙록과 뱅가드라는 이름을 자주 봤을 것입니다. 특히 세계 1위 자산운용사인 블랙록의 위용은 대단합니다. 일례로 블랙록의 CEO 로렌스 핑크Lawrence Fink는 2021년 고객에게 보낸 연례 서한에서 지속가능성을 언급하면서 ESGEnvironmental,

Social and Governance를 지키지 않는 기업에는 투자하지 않겠다고 으름 장을 놓았습니다. 그러자 기업들은 자연스럽게 ESG에 신경을 쓰며 너도나도 탄소 저감을 위한 대책을 내놓았고 ESG 등급을 잘 받기 위해 노력하기 시작했습니다.

한국에서 특히 많은 관심을 받고 있는 해외 ETF로는 SPY ETF와 QQQ ETF가 있습니다. SPY는 자산 규모 3위 운용사인 스테이트 스트리트에서 운용하고 있고 QQQ는 4위 인베스코에서 운용합니다(지

| 순위 | 운용사 | 자산 규모(달러) | ETF 종목(수) |
|---|---|---|---|
| 1 | 블랙록 | 2조 3675억 | 390 |
| 2 | 뱅가드 | 2조 338억 | 82 |
| 3 | 스테이트 스트리트 | 9909억 | 136 |
| 4 | 인베스코 | 3797억 | 237 |
| 5 | 찰스 슈왑 | 2675억 | 27 |
| 6 | 퍼스트 트러스트 | 1434억 | 192 |
| 7 | JP모건 체이스 | 739억 | 40 |
| 8 | 프로셰어즈 | 666억 | 141 |
| 9 | 세계 금 협회 | 655억 | 2 |
| 10 | 반에크 | 630억 | 62 |
| 11 | 위즈덤트리 | 485억 | 76 |
| 12 | 디멘셔널 펀드 어드바이저 | 463억 | 13 |
| 13 | 미래에셋 글로벌 인베스트먼트 | 419억 | 91 |
| 14 | 피델리티 | 337억 | 46 |
| 15 | 래퍼티 | 282억 | 81 |

표7. 글로벌 ETF 운용사 15개 자산 규모(기준월: 2022.2.)

금 언급한 ETF는 뒤에서 차근차근 설명하겠습니다). 그 외에도 [표7]에는 우리가 알 만한 글로벌 운용사가 대거 포진돼 있으며 국내 운용사로는 유일하게 미래에셋 글로벌 인베스트먼트가 419억 달러로 13위를 차지했습니다. 비록 [표7]에는 없지만 혁신 기업에 투자하는 운용사로 최근 유명세를 얻고 있는 아크인베스트는 18위를 기록했고요.

운용사의 자산 규모 역시 중요한 ETF 투자 선정 기준입니다. 내 자산을 지켜줄 든든한 뿌리가 되기 때문입니다. 운용사를 결정하기 전 반드시 운용사의 자산 규모가 얼마나 되는지, ETF 자체의 자산 규모는 어느 정도인지 살펴봐야 합니다. 이 내용은 뒤에서 자세히 다룰 예정이니 지금은 이런 믿을 만한 운용사들이 있다는 것 정도만 이해하면 됩니다.


## 내가 갖고 있는 게 ETF가 아니라 ETN이라고?


ETF와 ETN은 이름은 비슷하지만 투자 방법은 확연히 다릅니다. ETN에 잘못 투자하면 큰 손해를 볼 수 있으니 꼭 제대로 알고 신중하게 투자해야 합니다.

ETN은 상장 지수 증권Exchange Traded Note이고 ETF는 상장 지수 펀드 Exchange Traded Fund입니다. 둘의 차이점은 이름 그대로 증권과 펀드의 차이에서 비롯됩니다. 즉, ETF는 투자신탁재산인 반면 ETN은 발행사가 자기신용으로 발행하는 상품입니다. 무보증, 무담보로 설정되므로 증권사 상황에 따라 투자가 위험해질 수 있다는 뜻이죠.

ETN의 법적 성격은 파생결합증권으로 우리가 잘 알고 있는 레버리지, 인버스 상품들이 바로 여기에 해당합니다. 대표적인 ETN 상품으로는 FNGU, BULZ가 있는데요, 미국에 상장된 대표적인 기술 기업 10~15개에 투자하는 상품으로 실제 변동성의 3배로 움직입니다. 예를 들어 FNGU가 투자하는 10개 기업이 하루 평균 3% 상승했다면 FNGU는 9% 상승하며 수익 역시 3배가 됩니다. 반대로 손해 역시 3배가 되죠.

이런 종목은 변동성이 크기 때문에 초보 투자자라면 접근하지 않는 것이 바람직합니다. 노련한 투자자일지라도 단기로만 투자하는 것

| 구분 | ETN | ETF |
|---|---|---|
| 발행사 | 증권사 | 자산운용사 |
| 발행자 신용위험 | 있음 | 없음 |
| 만기 | 1~20년 | 없음 |
| 기초자산 운용 방법 | 발행자 재량 운용 | 기초지수 100% 추적 운용 |
| 구성종목 수 | 5종목 이상 | 10종목 이상 |
| 법적 성격 | 파생결합증권 | 집합투자증권 |
| 연간 수수료 | 0.4~1.25% | 0.07~0.8% |

표8. ETN과 ETF 비교

이 좋습니다. 증시가 크게 하락하면 기술적 반등을 기대하며 3배 레버리지 상품에 투자하는 투자자들이 종종 있는데요, 이들 중에는 자신이 투자하는 상품이 ETN인지 모르고 접근하는 사람도 많습니다. 레버리지 투자 자체가 잘못됐다는 이야기는 아니지만 초보 투자자가 감당하기 힘든 상품이니 내가 투자하는 종목에 어떤 리스크가 있는지 꼭 확인하고 안전한 ETF 종목에 도전하길 바랍니다.

## ETF 투자, 세금의 모든 것!

투자를 시작하고 수익이 생기면 그제야 떠오르는 걱정거리가 있습니다. 바로 '세금'입니다. 세금 문제는 어렵고 복잡할 것이라는 편견이 있어서 대부분 세금을 무시하고 그냥 더 많은 수익을 내겠다는 생각만 합니다. 이 때문에 내지 않아도 되는 세금을 내거나 절세할 수 있는 기회를 놓치는 경우가 생기기도 합니다. 지금부터 해드릴 세금 이야기는 이해하기 어렵지 않으니 투자를 하기에 앞서 한 번만 숙지해두길 바랍니다. 더 합리적인 투자를 하는 데 도움이 될 것입니다.

ETF에 투자할 때 발생하는 세금은 딱 세 가지입니다. 첫째는 매매차익에 대한 양도소득세입니다. 이는 해외 주식투자를 할 때와 동일하게 부과되며 수익의 22%를 지불해야 합니다. 그런데 모든 수익에 세금이 부과되는 것은 아니고 그중 250만 원은 기본 공제가 됩니다. 즉, 1년간 매도를 통해 얻은 총수익 중 250만 원은 양도소득세를 내지 않아도 된다는 뜻입니다. 그러니 매년 250만 원씩은 수익을 실현해 공제 혜택을 받는 것이 좋습니다. 예를 들어 올해 총수익이 1250만 원이라면 250만 원을 제외한 나머지 1000만 원에 해당하는 금액의 양도소득세 22%, 즉 220만 원을 다음 해 5월에 신고하면 됩니다.

여기서 중요한 점을 하나 더 이야기하자면 250만 원이 공제되는 기준이 원화라는 것입니다. 따라서 어느 시점의 환율을 적용하는지가 중요합니다. 상품을 살 때와 팔 때 각각 당시 환율을 적용하므로 계좌 정보에 나오는 수익과 실제 계산된 금액이 다를 수 있습니다. 따라서 양도소득세를 계산하는 별도 항목에서 다시 한 번 점검해야 합니다.

또 공제 기준일이 12월 31일까지가 아니라는 사실도 꼭 기억해야 합니다. 예를 들어 미국 주식은 3영업일 전까지 거래 내역이 처리되므로 말일 매도한 내역은 다음 해에 적용됩니다. 따라서 미국 주식과 ETF에 투자하는 경우 12월 30~31일에 매도하면 250만 원 공제를 받을 수 없습니다(저는 크리스마스 전까지 처리합니다). 중국은 1영업일, 홍콩은 2영업일 이전까지 처리해야 합니다.

둘째는 분배금에 대한 배당소득세입니다. 주식배당금처럼 ETF에 투자하면 분배금을 받게 됩니다. ETF 특성에 따라 분배금이 없는 종목도 있지만 대부분은 분배금이 지급되는데 이때 세금도 함께 발생합니

| 항목 | 종류 | 세율 | 공제(미적용) | 신고 시기 |
|---|---|---|---|---|
| 미국 주식 + ETF | 양도소득세 | 22% | 250만 원 | 5월 |
| | 배당소득세 | 15% | 없음 | 매도 시, 자동 공제 |
| | 금융소득 종합과세 | 6~42% | 2000만 원 이하 | 5월 |

표9. 미국 주식 투자 시 발생하는 세금 종류

다. 분배금에 대한 세율은 주식배당금과 동일한 15%입니다(참고로 국내 배당소득세는 15.4%로 미국보다 0.4% 더 높습니다). 다만 이 세금은 분배금이 지급될 때 자동으로 공제되기 때문에 따로 신경 쓸 필요는 없습니다.

여기서 조심해야 할 부분이 있습니다. ETF 분배금으로 경제적 자유를 누리고자 하는 경우 소득세를 고려해 매달 들어오는 금액을 설정해야 한다는 것입니다. 배당소득세를 염두에 두지 않은 채 분배금 5%만 계획하고 월 수령액을 100만 원으로 설정해두면 실제로는 100만 원이 아니라 85만 원을 받게 됩니다. 그러면 사실상 분배금 비율이 4.23%가 되는 셈입니다. 따라서 반드시 세금을 고려해야 자산을 확실하게 관리할 수 있습니다.

셋째는 금융소득 종합과세입니다. 배당금이 1년에 2000만 원을 넘어가면 금융소득 종합과세 대상자가 됩니다. 따라서 2000만 원 초과분에 대해 6~42%까지 세금을 내야 합니다. 따라서 배당금은 월 166만 원을 넘지 않도록 설정하는 것이 좋습니다. 여기서 추가로 주의할 점은 국내에 상장된 해외 ETF의 경우 매도 실현 수익이 배당금으로 분류된다는 것입니다.

지금까지 주식을 매도할 때 발행하는 양도소득세, 분배금을 받을 때 발생되는 배당소득세, 총배당금이 2000만 원을 초과하면 부과되는 금융소득 종합과세를 살펴봤습니다. 이제 막 ETF 투자를 시작해보려고 생각한 사람이나 초보 투자자의 경우 여기서 양도소득세를 가장 먼저 신경 쓰는 것이 좋습니다. 양도세를 내지 않으려고 매도를 아예 하지 않으면 안 되고 1년에 수익금 250만 원씩은 꼭 매도를 해 매년 공제 혜택을 받는 것이 좋습니다.

이해를 돕기 위해 예를 하나 들어보겠습니다. ETF 투자로 10년 동안 2500만 원의 수익이 발생했다고 가정해봅시다. A라는 사람은 10년 뒤 한 번에 매도해 2500만 원의 수익을 챙겼습니다. 이때 공제 혜택 250만 원을 제외한 2250만 원의 22%에 해당하는 금액을 양도소득세로 내야 하므로 내 수익에서 495만 원을 지불해야 합니다. 한편 B라는 사람은 수익금 250만 원을 매년 매도했다가 다시 매수했습니다. 그렇게 매년 250만 원씩 공제를 받으면서 10년간 2500만 원을 매도하고 매수하는 작업을 반복했습니다. 10년간 매년 수익을 갱신했으므로 양도소득세 없이 2500만 원의 수익을 온전히 가져갈 수 있었습니다. A와 B의 수익은 같지만 B는 세금을 내지 않아 495만 원을 더 가져갈 수 있게 된 것이죠. 이는 편법이나 치사한 수가 아닌 현명한 절세 방법입니다.

이 이야기를 하면 간혹 "매년 매매를 하면 주당 단가가 높아져 수익률이 낮아지지 않나요?" 하고 걱정하는 분도 있습니다. 하지만 매도 없이 10년간 홀딩해 수익률 100%, 수익금 2500만 원을 챙긴 A와 매년 수익을 갱신해 수익률 20%, 수익금 2995만 원을 챙긴 B 중 누가 현명한 투자를 한 것일까요? 투자에서는 단순한 수익률보다 수익금을 얼마나 버느냐가 더 중요합니다. 내실을 챙기는 투자를 하는 것이 결국 좋은 결과를 가져옵니다.

**정리하기** **ETF 초보자가 확인해야 할 네 가지 정보**

1. 투자하고자 하는 상품의 정식 명칭을 보고 기초 정보를 파악한다.
2. 투자하고자 하는 ETF의 운용사가 믿을 만한 곳인지 자산 규모를 살펴본다.
3. 투자하고자 하는 상품이 ETF인지 ETN인지 확인한다.
4. 양도소득세와 금융소득 종합과세의 공제 한도와 매도 시 자동으로 공제되는 배당소득세율을 계산해 거래한다.

# ETF를 찾는
# 가장 쉬운 방법

## 해외 ETF 정보 쉽게 찾는 방법

어떤가요? 이제 ETF에 투자를 시작할 마음이 들었나요? 그렇다면 지금 쯤 ETF 관련 정보를 어떻게 찾고 그 정보 중 무엇을 살펴봐야 하는지 궁금해졌을 것입니다. 물고기를 잡으려면 낚시하는 방법을 알아야 하 듯이 어떤 ETF가 괜찮은지, 섹터와 기업은 어떻게 구성돼 있는지 직접 확인할 줄 알아야 다양한 방법으로 유연하게 투자를 할 수 있습니다.

이번 장에서는 ETF 정보를 쉽게 찾는 방법과 그 정보에서 주의 깊 게 봐야 하는 내용은 무엇인지 살펴보겠습니다. 해외뿐만 아니라 국내

ETF를 보는 방법도 함께 소개할 예정이니 잘 따라와주길 바랍니다.

먼저 해외 ETF를 살펴보겠습니다. 해외 ETF를 찾아볼 수 있는 대표적인 사이트는 2곳이 있습니다. 바로 ETF.com과 ETFDB.com입니다. 해외 ETF 투자자라면 무조건 알고 있어야 하는 사이트라고 할 수 있습니다. 이 중 제가 자주 이용하는 사이트는 ETF.com입니다. 자료가 이해하기 편하게 직관적으로 정리돼 있기 때문입니다.

## ETF.com 메인화면 살펴보기

그럼 지금부터 해외 ETF에 투자하려면 ETF.com에서 무엇을 봐야 하는지 자세히 살펴보겠습니다. ETF.com에 들어가면 [그림1]과 같은 페이지가 보입니다. 모두 다 영어로 돼 있어 처음에는 조금 거리감이 느껴질 수 있지만 자세히 보면 몇 가지 단어와 용어가 반복되기 때문에 크게 걱정하지 않아도 됩니다. 그래도 영어 울렁증이 있는 분들을 위해 꼭 필요한 정보를 이번 장에서 해석해드리겠습니다.

일단 메인화면은 [그림3]에 표시된 4개 항목만 기억하면 됩니다.

① Search ETF.com(검색): 찾고 싶은 ETF를 티커로 검색

② Tools & Data(도구 및 데이터): 원하는 종목이 포함된 ETF 찾기

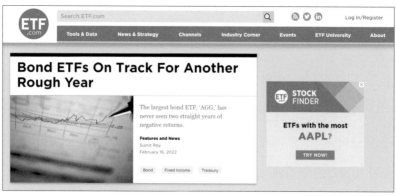

그림1. ETF.com 메인화면

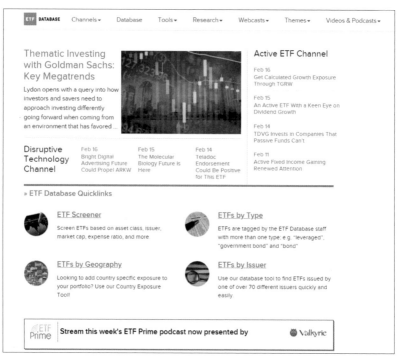

그림2. ETFDB.com 메인화면

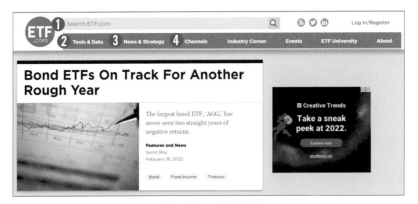

그림3. ETF.com 이용 방법 1

③ News & Strategy(뉴스 및 전략): 각종 ETF 뉴스, 리포트 보기

④ Channels(채널): 테마별 ETF 보기

먼저 ①번 'Search ETF.com'이라고 적힌 부분은 네이버, 구글 같은 포털 사이트의 검색창처럼 내가 정보를 찾고 싶은 ETF를 검색해볼 수 있는 탭입니다. QQQ, SPY, VOO 등 알파벳으로 구성된 티커를 입력해 검색하면 됩니다.

②번 Tools & Data에서는 원하는 종목 찾기를 비롯해 다양한 기능을 이용할 수 있습니다. 그중 제가 자주 사용하는 기능은 투자하고 싶은 개별 종목이 들어 있는 ETF를 찾는 것입니다. 관심 있는 기업이 있는데 그 기업에 직접투자하기보다는 관련된 산업에까지 함께 투자하고 싶다면 ②번에서 해당 기업이 포함된 ETF를 검색하면 됩니다. 그러

면 그 ETF가 내가 투자하고 싶은 기업에 어느 정도 비중으로 투자하고 있는지까지 확인이 가능합니다.

③번 News & Strategy 탭에서는 ETF와 관련된 각종 뉴스, 전문가 리포트, 분석 자료 등을 볼 수 있습니다.

마지막으로 ④번 Channels 탭에서는 보고 싶은 ETF를 테마별로 확인할 수 있습니다.

ETF.com의 메인화면을 살펴봤으니 이번에는 더 구체적인 사용법을 알아보겠습니다. 아마존이 포함된 ETF는 어떤 것이 있는지 찾아볼까요? [그림4]에서 ①번을 클릭하면 다섯 가지 항목이 보이는데 그중 ②번 Stock Finder(주식 검색기)를 클릭합니다. 그러면 그림 오른쪽에 보이는 것처럼 새로운 창으로 넘어가는데요, 여기서 ③번 Enter Stock Ticker Symbol(주식 티커 입력)에 아마존의 티커인 AMZN을 입력하고 돋보기를 클릭합니다.

그러면 [그림5]처럼 네 가지 검색 결과가 나옵니다. 간단히 살펴보

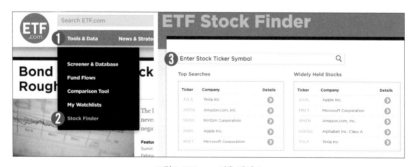

그림4. ETF.com 이용 방법 2

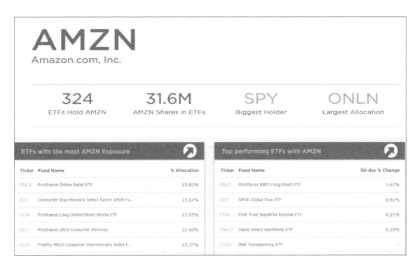

그림5. ETF.com 이용 방법 3

면 아마존AMZN이 포함된 ETF는 총 324개, 주식 수는 총 3160만 주
며 그중 자산 규모가 가장 큰 ETF는 SPY, 투자 비중이 가장 높은 것은
ONLN이라는 뜻입니다. 이렇게 ETF.com에 내가 투자하고 싶은 기업
을 검색하면 그 기업이 포함된 ETF를 쉽게 조사할 수 있습니다. 아래
로 스크롤을 내리면 좀 더 자세한 정보들이 나오는데 여기서 두 가지
정보만 더 살펴보겠습니다.

[그림5]에서 왼쪽 순위는 아마존이 포함된 324개 ETF 중 아마존 투
자 비중이 높은 상위 5개 ETF입니다. 방금 이야기했듯이 ONLN ETF
가 1위로 아마존에 25.81%를 투자하고 있고 XLY가 23.61%로 2위를
차지하고 있네요.

[그림5]의 오른쪽 순위는 아마존이 포함된 ETF 중 한 달간 주가 상승률이 가장 높았던 5개 ETF입니다. RALS가 1.63%로 가장 높은 상승률을 기록했고 2위는 DGT입니다. 이 순위를 볼 때 주의할 점은 여기에 있는 상품 대부분이 레버리지 상품이라는 것입니다. 또한 모든 정보는 주가 변동과 리밸런싱에 따라 수시로 달라지기 때문에 원하는 정보가 있으면 그때그때 직접 찾아서 확인하는 습관을 들여야 합니다.

앞서 [그림3]의 ④번 Channels 탭에서는 테마별 ETF를 확인할 수 있다고 언급했습니다. 이 탭을 더 자세히 살펴볼까요? 이곳에서는 비트코인, 채권, 배당, 에너지, ETF, 금, 헬스케어, 오일 등 다양한 테마별

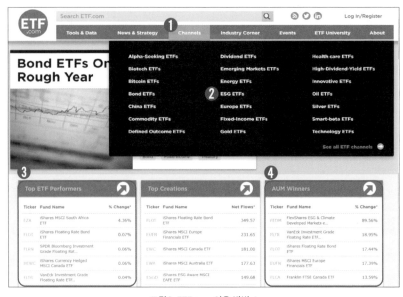

그림6. ETF.com 이용 방법 4

ETF를 모두 볼 수 있습니다. 그중 요즘 많은 관심을 받고 있는 친환경 관련 테마인 ESG를 잠깐 살펴보겠습니다.

[그림6]의 ②번 ESG ETFs를 클릭하면 여섯 가지 ETF 순위를 볼 수 있습니다. 그중 주목해야 할 것은 ③번 수익률 상위 5개 ETF와 ④번 자산 규모 상위 5개 ETF입니다. 자산 규모가 크다는 것은 그만큼 투자자들이 많은 돈을 넣어뒀다는 뜻입니다. 따라서 ④번은 해당 주제와 관련해 투자자들에게 인기가 많은 ETF라고도 볼 수 있으며 이곳에 소개된 종목은 한 번쯤 관심을 가져볼 만한 상품입니다.

이런 식으로 내가 투자하고자 하는 테마와 ETF에 관한 대략적인 정보를 파악한 뒤 어느 정도 나만의 기준이 생겼다면 이제 상품 하나하나의 구체적인 정보를 살펴보면 됩니다.


## ETF에 투자할 때 꼭 확인해야 할 다섯 가지 정보

ETF 투자는 기업에 직접투자하는 것이 아니기 때문에 일반 주식투자를 할 때와는 살펴봐야 할 정보가 다릅니다. 그중에서도 꼭 알아둬야 할 항목이 다섯 가지 있는데요, 이 정보들은 대부분 ETF.com과 운용사 홈페이지에서 확인이 가능합니다. 그럼 지금부터 이 항목을 어떻게 찾는지 살펴보겠습니다.

첫 번째 항목은 ETF가 처음 태어난 날이라고 할 수 있는 상장일입니다. 기업이 증시에 상장하는 것처럼 ETF도 투자자의 니즈를 반영한 상품이 구성되면 심의를 거친 뒤 상장을 합니다. 기업의 업력이 길면 안정적인 회사라고 여기듯이 ETF도 오래될수록 운용 실력을 인정받습니다.

그 이유는 무엇일까요? 경제 위기가 발생했을 때 운영을 잘해 사람들의 관심과 투자가 끊기지 않은 ETF는 살아남습니다. 반면 그러지 못한 ETF는 상장폐지라는 쓴맛을 볼 수밖에 없습니다.

특히 2008년 이전에 상장한 ETF는 리먼 브라더스 사태라는 엄청난 경제 위기를 이겨낸 튼튼한 ETF입니다. 2000년 이전에 상장한 ETF라면 IT 버블과 오랜 하락장을 견뎌낸 베테랑 ETF라고 할 수 있죠. 이렇게 ETF는 오래될수록 대우받는 경우가 많습니다. 그러니 ETF를 고를 때는 상장일이 2000년 혹은 2008년 이전인지 여부를 확인해보면 좋습니다.

두 번째 항목은 총보수입니다. 총보수란 운용사에서 가져가는 수수료를 뜻합니다. 앞서 몇 번 언급했지만 보통 총보수 비율은 0.03~0.8% 정도로 책정되며 운용하는 데 손이 많이 가는 테마 ETF는 지수 추종 ETF보다 상대적으로 수수료가 높습니다.

총보수를 계산하는 방법을 궁금해하는 분이 많습니다. 간단한 예를 하나 들어보겠습니다. 당신이 1000만 원을 투자했고 보수가 0.5%라면 총보수는 5만 원입니다. 이때 5만 원을 한 번에 부과하는 것이 아니라 거래일수에 따라 계산합니다. 즉, 하루 만에 거래를 끝냈다면 이 5만 원을 365일로 나눠 하루치인 몇백 원만 지불하면 됩니다. 또한 총보수는 매도할 때 발생하는 것이 아니라 ETF 단가에 합산돼 있습니다. 따라서 투자자가 따로 신경 쓸 필요 없이 자동으로 지불됩니다.

같은 지수를 추종하는 ETF 종목들은 다른 운용사의 상품일지라도 수익률이 거의 비슷합니다. 그러므로 총보수가 낮은 ETF를 선택하는 것이 좋습니다. 한편 테마형 ETF와 레버리지 상품의 경우 지수 추종 ETF보다 운용보수가 높은 편이니 꼼꼼하게 따져봐야 합니다.

세 번째 항목은 자산 규모입니다. 자산 규모가 크다는 것은 그만큼 많은 투자자가 그 종목에 투자했다는 것을 뜻하며 이는 해당 상품이 매력적이라는 것을 의미하기도 합니다.

지금까지 ETF에 투자할 때 고려해야 할 세 가지 요소를 살펴봤습니다. 이때 주의할 점이 하나 있습니다. 상장일이 오래됐거나 자산 규모가 크다고 해서 반드시 매력적인 ETF는 아니라는 것입니다. 예를 들어 상장한 지 1년 된 A 종목은 자산 규모가 900억 달러고 20년 된 B 종목은 1000억 달러라고 해봅시다. A, B 중 무엇이 더 매력적인 종목일까요? 당연히 1년 만에 900억 달러가 모인 A입니다. B 종목은 평균적으로 1년에 50억 달러밖에 모으지 못한 셈이니까요. 이 금액은 주가 상승분까지 더해진 값이니 실은 그것보다 더 못하다고 볼 수 있죠. 이렇게 ETF에 투자할 때는 하나의 요소만 보고 섣불리 결정해서는 안 되며 세 가지 요소를 종합적으로 판단해야 합니다.

네 번째 항목으로 넘어가기 전에 이 세 가지 정보를 ETF.com에서 어떻게 찾는지 잠깐 살펴보겠습니다. 먼저 앞에서 설명한 대로 종목 티커를 검색합니다. 나스닥 100 지수를 추종하는 미국 대표 기술주 ETF QQQ를 예로 들어보겠습니다. QQQ를 검색하면 [그림7] 같은 박스가 나오는데요, ①번 Inception Date는 상장일, ②번 Expense Ratio는 총보수, ③번 Assets Under Management는 자산 규모를 뜻

| QQQ Summary Data | |
| --- | --- |
| Issuer | Invesco |
| Inception Date ❶ 상장일 | 03/10/99 |
| Legal Structure | **Unit Investment Trust** |
| Expense Ratio ❷ 총보수 | 0.20% |
| Assets Under Management ❸ 자산 규모 | $182.34B |
| Average Daily $ Volume | $25.60B |
| Average Spread (%) | 0.00% |
| Competing ETFs | QQQM, QQMG, QQEW, QQQJ, QQQE |
| Fund Home Page | |

그림7. QQQ 요약 데이터 정보

합니다. 모두 영어로 표기돼 있어 복잡하게 느껴질 수 있지만 자주 보다 보면 금방 익숙해지니 꼭 직접 찾아보는 습관을 들이길 바랍니다.

네 번째 항목은 투자 섹터Sectors입니다. ETF가 어떤 분야에 투자하고 있는지 살펴봐야 하는데요, 이 정보는 ETF에 투자할 때 꼭 확인해야 합니다. 투자 수익이 어디서 어떻게 발생하는지 알 수 있기 때문입니다. 안타깝게도 이 정보는 ETF.com에서는 볼 수 없고 ETF 운용사 홈페이지에서 찾아볼 수 있습니다. 구글에 '티커+Sectors'를 검색하면 대부분의 정보를 쉽게 찾을 수 있습니다.

QQQ를 계속 예로 들어보겠습니다. [그림8]은 QQQ 운용사인 인베스코 홈페이지에 나오는 정보입니다. QQQ ETF는 총 7개 섹터에 투

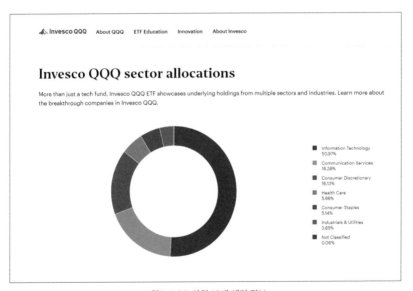

그림8. QQQ 상위 10개 섹터 정보

자하고 있습니다. 그중 정보기술Information Technology 분야가 50.97%를, 다음으로 통신 서비스Communication Services 분야가 18.38%를 차지하고 있네요.

이렇게 내가 매수하고 싶은 ETF가 어떤 산업 분야에 투자하고 있는지 찾아보면 그 ETF의 투자 방향을 확인할 수 있습니다. 특히 테마별 ETF의 경우 섹터가 더욱 명확하게 구분돼 있으니 반드시 그 ETF가 어떤 섹터로 구성돼 있는지 살펴야 합니다.

간혹 아무리 살펴봐도 투자 섹터가 잘 나와 있지 않은 ETF 종목도 있기는 합니다. 여러 국가에 투자하는 글로벌 상품이라 섹터를 구분하기가 어렵거나 자산 규모가 작아 그런 경우가 많습니다. 이럴 때는 그 ETF에 속한 기업의 목록을 꼭 확인하고 그 종목이 나의 투자 방향과 맞는 종목인지 따져봐야 합니다.

여기서 잠깐 섹터가 무엇인지 간단히 짚고 넘어가겠습니다. 주식시장에서 섹터는 보통 비슷한 업종에 속하는 기업들을 모아둔 형태로 분류됩니다. 일반적으로 글로벌산업분류기준GICS을 가장 많이 따르는데 1단계는 11개 섹터, 2단계는 24개 산업 그룹, 3단계는 69개 산업, 4단계는 158개 하부 산업으로 나뉘어 있습니다. 쉽게 말하면 금융이란 섹터 하위에 은행, 다각화 금융, 보험 등 24개 산업 그룹이 있고 다시 은행 밑에 은행, 저축 모기지 금융 등 69개 산업이 구분돼 있습니다.

사실 기업에 직접투자하거나 테마형 ETF에 투자하는 것이 아니라면 세부적인 분류까지 자세히 알 필요는 없습니다. 1단계 섹터 11개만 알아둬도 괜찮습니다. 하지만 이 경우에도 내가 투자하려는 ETF 안에 섹터가 고르게 분포돼 있는지 아니면 특정 분야에 집중적으로 투자하고 있는지는 반드시 확인해봐야 합니다.

섹터 비중을 보며 내가 원래 투자하던 ETF의 부족한 부분을 채울 수 있는 ETF를 선택하면 각각의 단점을 상호 보완하는 투자 포트폴리오를 만들 수 있습니다. 그렇다고 정보기술과 임의소비재 비중을 1:1로 두는 포트폴리오를 구성하는 것은 좋지 않습니다. 이는 애플과 나이키의 시가총액이 동일하다고 보는 것과 같습니다. 이렇게 하면 내 ETF 수익이 전체 시장의 흐름과 다른 방향으로 움직일 수 있으니 각 산업의 자산 규모를 생각해 포트폴리오를 구성하는 것이 좋습니다.

11개 섹터의 움직임을 보면 어떤 산업의 흐름이 좋고 나쁜지 한눈에 이해할 수 있습니다. 또한 경기 흐름을 파악하기도 용이합니다. 예를 들어 금리 인상 시기에는 금융 분야가 강세를 보이고 대세 상승장을 보이는 시기에는 성장주가 모여 있는 기술주의 상승을 기대할 수 있죠. 이 11개 섹터를 대표하는 ETF와 기업을 [표10]에 정리했으니 투자에 참고하길 바랍니다.

다섯 번째 항목은 투자 기업Holdings입니다. ETF의 수익률은 결국 그 종목이 어느 기업에 투자하는지로 결정됩니다. 따라서 ETF에 투자할 때는 이 다섯 번째 항목을 가장 꼼꼼하게 살펴봐야 합니다.

| 순번 | 섹터 | 대표 ETF | 산업 | 기업 | 티커 |
|---|---|---|---|---|---|
| 1 | 정보기술<br>Technology | XLK | 소프트웨어 | 마이크로소프트 | MSFT |
| | | | 기술하드웨어,<br>스토리지&주변 기기 | 애플 | AAPL |
| 2 | 헬스케어<br>Healthcare | XLV | 제약 | 존슨앤드존슨 | JNJ |
| | | | 헬스케어업체<br>및 서비스 | 유나이티드헬스그룹 | UNH |
| 3 | 금융<br>Financial | XLF | 보험 | 버크셔 해서웨이 | BRK-A/B |
| | | | 은행 | JP모건 체이스 | JPM |
| 4 | 통신 서비스<br>Communication<br>Service | XLC | 양방향 미디어<br>및 서비스 | 구글 | GOOGL |
| | | | | 메타 | FB |
| 5 | 임의소비재<br>Consumer<br>Cyclicals | XLY | 전자상거래 | 아마존 | AMZN |
| | | | 소매 | 홈디포 | HD |
| 6 | 필수소비재<br>Consumer Staples | XLP | 식품 및 필수품 소매 | 월마트 | WMT |
| | | | 가정용품 | P&G | PG |
| 7 | 산업<br>Industrials | XLI | 우주항공 및 국방 | 록히드 마틴 | LMT |
| | | | 도로 및 선로 | 유니온 퍼시픽 | UNP |
| 8 | 유틸리티<br>Utilities | XLU | 전기 | 넥스테라 에너지 | NEE |
| | | | 복합 | 도미니언 에너지 | D |
| 9 | 에너지<br>Energy | XLE | 석유 가스 | 엑슨모빌 | XOM |
| | | | | 셰브론 | CVX |
| 10 | 리츠<br>Real Estate<br>Investment Trusts | XLRE | 다각화 리츠 | 아메리칸 타워 | AMT |
| | | | | 크라운 캐슬 인터내셔널 | CCI |
| 11 | 원자재<br>Basic Materials | XLB | 화학 | 린데 피엘씨 | LIN |
| | | | | 에코랩 | ECL |

표10. 11개 섹터 대표 ETF와 관련 기업

투자 기업 목록도 중요하지만 각 기업별 투자 비중도 매우 중요합니다. QQQ ETF에는 스타벅스가 포함돼 있지만 그 비중은 100개 기업 중 1개, 즉 1%가 넘지 않습니다. 반면 애플은 10%가 넘는 비중을 차지하고 있습니다. 만약 스타벅스를 노리고 QQQ에 투자한다면 잘못된 선택이겠죠? 그래서 내가 투자하고 싶은 분야와 기업이 해당 ETF에 얼마큼의 비중으로 포함돼 있는지 알아야 하는 것입니다. 이 정보를 알고 싶다면 [그림3](49쪽)의 ②번 Tools & Data 탭을 활용하면 됩니다.

이번에는 ETF.com에서 QQQ ETF의 투자 기업 목록을 어떻게 확인하는지 자세히 설명하겠습니다. ETF.com에서 티커를 검색하고 아래로 스크롤을 쭉 내려보면 투자 비중 상위 10개 기업을 확인할 수 있는데요, 2022년 2월 17일 기준 QQQ의 투자 비중은 애플 12.61%, 마이크로소프트 10.04%, 아마존 7.06%순으로 나와 있습니다. 이 비중은 그날그날 주가 변동에 따라 달라지며 분기별로 주기적인 리밸런싱을

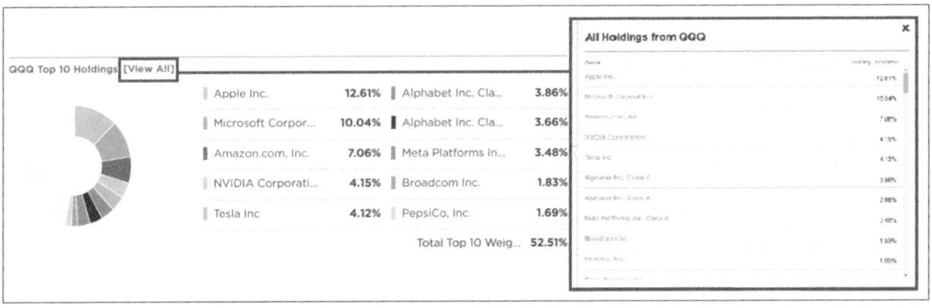

그림9. QQQ 상위 10개 기업 투자 비중 정보

통해 조절됩니다. 그러니 앞서 말한 것처럼 투자 기업 목록과 비중을 자주 확인하는 습관을 들이는 것이 좋습니다. 그래프 상단의 View All 을 클릭하면 그 ETF가 투자하는 모든 기업을 확인할 수 있습니다. 이 것까지 반드시 점검하고 내가 투자하고 있는 다른 ETF와 중복되는 기업이 얼마나 되는지도 살펴봐야 합니다.

# 국내 ETF 정보 쉽게 찾는 방법

주식투자에 대한 관심이 높아지면서 자연스럽게 국내 ETF 시장도 성장했습니다. 일반 투자뿐만 아니라 연금저축을 통한 투자 역시 활발해졌습니다. 자산 규모가 1조 원이 넘는 ETF가 20개가 됐고 전반적인 자산 규모 역시 계속 증가하는 추세입니다.

흔히 국내 운용사에서 출시한 ETF 상품은 코스피, 코스닥을 추종할 것이라고 생각하지만 그렇지 않습니다. 처음 우리나라에서 ETF가 출시됐을 때는 국내 종목 위주로 운용됐습니다. 대표적으로 2002년 상장한 상품인 KODEX 200은 코스피 지수를 추종하는 ETF로 국내 ETF 시장에서 자산 규모 1위를 차지하고 있습니다. 한편 2위인 TIGER 차이나전기차SOLACTIVE는 국내에 상장돼 있지만 중국의 전기차 관련 기업에 투자하는 상품입니다. 2020년 12월 상장돼 20년 된 KODEX

200을 엄청난 속도로 따라잡고 있죠.

이뿐만 아니라 앞에서 살펴본 QQQ처럼 국내에도 나스닥 100 지수를 추종하는 상품이 있습니다. TIGER 미국나스닥100이 그것입니다. 이 외에도 종목명에 '나스닥100'이라고 적혀 있는 ETF 상품이 여럿 있습니다. 또한 최근에는 해외 기업에 투자하는 메타버스와 ESG 관련 ETF도 국내에 상장됐습니다. 우리나라 ETF 시장의 성장세를 보면 앞으로도 다양한 종목들이 계속 상장될 것으로 예상됩니다.

그렇다면 국내 ETF에 관한 정보는 어떻게 찾아볼 수 있을까요? 국내 ETF 정보를 찾는 방법은 크게 두 가지가 있습니다. 첫째는 ETF 운용사 홈페이지를 이용하는 방법이고 둘째는 네이버 금융https://finance.naver.com에서 검색하는 방법입니다. 저는 좀 더 사용하기 편리한 후자를 이용하는 편이고 특정 ETF의 정보를 자세히 살펴봐야 할 경우 그 종목의 운용사 홈페이지를 방문해 월간 운용보고서, 투자설명서, 투자규약 등을 찾아봅니다.

우리나라 주식투자자에게 네이버 금융은 아주 익숙한 서비스입니다. 네이버에서 '네이버 금융'을 검색하면 쉽게 들어갈 수 있습니다. 여기서 국내 ETF를 보려면 [그림10]의 ①번 국내증시를 클릭하고 ②번 ETF를 선택하면 됩니다. 그러면 우리나라 주식시장에 상장된 모든 ETF 상품을 볼 수 있습니다. 중앙 하단부를 보면 전체, 국내 시장지수, 국내 업종/테마, 국내 파생, 해외 주식 등 다양한 기준으로 분류된 ETF

종목을 볼 수 있습니다. 이 중 ③번 해외 주식을 선택하면 국내에 상장된 해외 ETF 종목을 모두 볼 수 있는데요, 2022년 2월 기준 국내에 상장된 해외 ETF는 총 130개로 그중 시가총액 상위 10개 종목은 [그림 10]의 박스 안 목록과 같습니다. TIGER 미국나스닥100, TIGER 미국 S&P500, TIGER 미국테크TOP10 INDXX 등 대부분 미국에 투자하는 상품입니다.

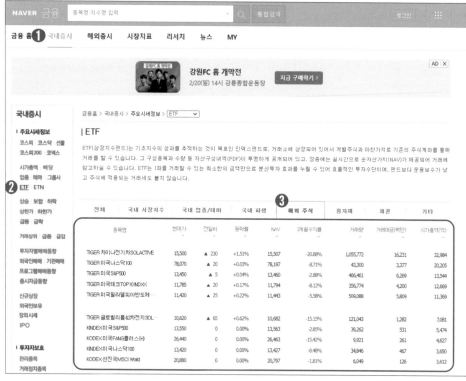

그림10. 네이버 금융 이용 방법 1

앞서 종목명 분석법을 알아봤으니 이름만 봐도 운용사가 어디인지, 또 투자처는 어디인지 짐작할 수 있겠죠? TIGER 미국테크TOP10 INDXX는 TIGER가 앞에 붙었으니 미래에셋자산운용사에서 운영하는 ETF며 미국테크TOP10은 미국 빅테크 분야 대표 기업 10개를 모아서 투자하는 상품이라는 뜻입니다.

시가총액 1위를 차지한 종목은 TIGER 차이나전기차SOLACTIVE인데요, 시가총액이 다른 ETF보다 현저히 높습니다. 그만큼 앞으로 중국의 전기차 시장을 긍정적으로 바라보는 사람들이 많다는 이야기입니다. 게다가 최근 동향을 보면 외국인 순매수 상위권에 2차전지 관련 ETF가 많아졌습니다. '지금은 늦지 않았을까?'라고 생각할 수 있지만 전기차와 2차전지 배터리 관련 산업은 1~2년 사이에 사그라들 분야가 아니며 적어도 5년 이상 성장을 계속할 큰 산업이기에 앞으로도 계속 주목해야 합니다.

이제 종목 하나를 정해 더 자세한 정보를 확인하는 방법을 알아보겠습니다. 여기서 살펴볼 항목은 앞서 설명한 해외 ETF에 투자할 때 점검해야 할 다섯 가지 항목과 동일합니다. 상장일, 총보수, 자산 규모, 투자 섹터와 기업이 그것입니다.

해외 ETF와 비교하기 편하도록 앞서 살펴본 QQQ와 동일한 지수에 투자하는 TIGER 미국나스닥100 ETF를 예로 들어보겠습니다(미국 나스닥 100 지수 추종 종목 중 미래에셋자산운용사 상품의 시가총액이 가장 높아서 선정했습니다). [그림10]처럼 네이버 금융에서 해당 상품을 클릭하거나 종목명 또는 코드번호를 검색하면 [그림11]처럼 자세한 정보를 볼 수 있습니다. 네이버 증권에서 국내 기업을 검색하면 보이는 화면과 동일하며 우리가 참고할 항목은 ①번 ETF 분석이라는 탭입니다.

①번 ETF 분석을 클릭하고 아래로 스크롤을 내리면 다양한 정보가 보입니다. 그중 다섯 가지 항목을 살펴보겠습니다. 첫 번째는 ②번 시가총액입니다. 2022년 2월 기준 TIGER 미국나스닥100 ETF의 시가총액은 1조 9466억 원인데 이는 매일 거래되는 금액과 단가에 따라 변동됩니다. TIGER 미국나스닥100 ETF는 현재 국내 상장된 해외 ETF 중 시가총액이 두 번째로 높으며 보통 한 종목의 자산 규모가 1000억 원이 넘으면 안정적이라고 볼 수 있습니다.

두 번째 항목은 ③번 최초설정일/상장일입니다. TIGER 미국나스닥100은 2010년 10월 18일 상장했습니다. 국내 ETF는 2002년에 시작됐다 보니 역사가 길지 않습니다. 따라서 2008년 경제 위기를 기점으로 그 전에 상장한 ETF는 믿을 만한 상품이라고 봐도 무방하지만 2008년 전에 상장한 종목들은 대부분 국내 지수를 추종하기 때문에 큰 의미를 부여할 필요는 없습니다.

국내 상장된 해외 ETF를 볼 때는 상장 기간 대비 자산 규모가 얼마나 큰지 확인해야 합니다. 상장 기간이 짧은데 자산 규모가 어느 정도 된다면 그만큼 큰손들이 많이 투자한 상품이라는 뜻인 동시에 미래가

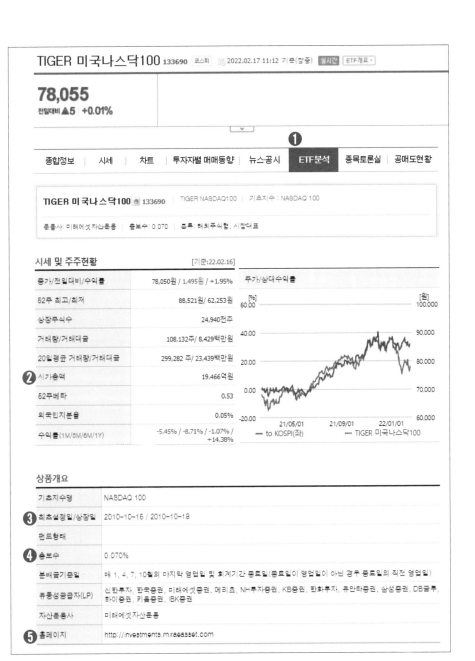

그림11. 네이버 금융 이용 방법 2

치를 높게 평가받고 있다는 뜻이기도 합니다. 이때 주의할 점은 상장된 지 얼마 되지 않은 종목의 경우 브랜드 인지도가 높아 시가총액이 높은 경우도 있다는 것입니다. 따라서 상장 후 3개월 이상은 일단 추이를 지켜보는 것이 좋습니다.

세 번째 항목은 ④번 총보수입니다. TIGER 미국나스닥100의 총보수는 0.07%로 낮은 편입니다. 지수를 추종하는 상품은 대체로 관리하기가 수월하다 보니 보수도 저렴한 편입니다. 반대로 테마 ETF의 경우 총보수가 높으며 주가 변동성도 큽니다. 이를 고려해 나의 투자 성향에 맞는 투자전략을 택해야 합니다. 또한 여기서 보여주는 총보수에는 기타 비용이 포함돼 있지 않으니 매수하기에 앞서 투자설명서를 반드시 확인해봐야 합니다(TIGER 미국나스닥100의 기타 비용 포함 총보수는 0.15%입니다).

투자설명서는 각 운용사 홈페이지에서 확인할 수 있습니다. [그림11]의 ⑤번 홈페이지 탭을 클릭하면 해당 ETF를 운용하는 운용사 홈페이지로 이동하게 됩니다. 운용사마다 방법이 조금씩 다르긴 하지만 홈페이지에서 종목을 검색하면 대부분 필요한 정보를 바로 확인할 수 있습니다. 그럼 미래에셋자산운용사 홈페이지로 한번 이동해보겠습니다.

홈페이지 주소를 클릭하면 [그림12]와 같은 화면이 나옵니다. 여기서 검색창에 TIGER 미국나스닥100을 검색하면 순자산, 상장일 등의

그림12. 미래에셋자산운용 홈페이지

기본 정보와 장·단기 수익률까지 확인할 수 있습니다. 그리고 상품명을 클릭하면 팝업 창이 하나 뜨면서 해당 종목 전용 사이트로 이동할 수 있게 해줍니다.

이동된 페이지는 [그림13]과 같습니다. TIGER 미국나스닥100의 모든 정보는 여기서 확인할 수 있습니다. 크게 기본 정보와 관련 문서로 나뉘어 있는데요, 맨 위에는 현재가와 기준가격이 나와 있고 하단에는 자산 규모, 상장일, 기초지수 등 기본 정보가 간단하게 명시돼 있습니다.

하단의 표를 보면 총보수, 분배금 지급 기준일 등의 상세 정보를 확인할 수 있으며 관련 문서에서 투자설명서를 다운로드할 수 있습니다. 이 투자설명서에서 우리가 찾던 총보수 외 기타 비용을 확인할 수 있습니다. 현재 이 상품에 투자하고 있다면 월간 운용보고서도 함께 보

# TIGER 미국나스닥100

## (133690)

4차 산업혁명의 수혜가 기대되는 IT, 소비재, 헬스케어 중심으로 구성된 미국 나스닥 시장 분산 투자합니다

현재가(원)
**78,060** ▲ 10.00

기준가격(원)
**78,184.16** ▼ -170.49

## 기본정보

### ETF명칭
미래에셋 TIGER 나스닥100 증권상장지수투자신탁(주식)

| 규모 | 종목코드(단축코드) | 거래단위 | 최초상장일 | 기초지수 ❓ |
|---|---|---|---|---|
| 2,027,818,456,015원 | 133690 | 1주 | 2010-10-18 | NASDAQ-100 Index |

| | |
|---|---|
| 운용목표 | NASDAQ OMX Group이 발표하는 The NASDAQ 100 Index를 추적대상지수로 하여 1좌당 순자산가치의 변동율을 기초지수의 변동율과 유사하도록 투자신탁재산을 운용. 단, 원/n-을헤징으로서 원달러 환율변동율을 반영한 기초지수 수익율을 추종 운용목표로 함 |
| 운용방법 | 기초지수 추종을 위하여 지수를 구성하는 종목 전체를 편입[하는] 완전복제전략을 원칙으로 하되, 필요시 최적화 기법을 적용하여 일부종목만 편입하는 부분복제전략을 사용할 수 있음. 한편, 동 ETF는 원/n-을헤징으로서 별도의 원위험해지전략을 수행하지 아니함 |
| 환해지 사항 | 환해지 미실시 |
| 설정단위(1CU) | 100,000좌 |
| 총보수 | 연 0.07% (운용: 0.05%, 지정참가: 0.001%, 신탁: 0.01%, 일반사무: 0.009%) |
| 과세내용 | 매매차익은 배당소득세 과세(보유기간 과세) : Min(매매차익, 과표 증감) X 15.4% 분배금은 배당소득세 과세 : Min(현금분배금, 과표증감) X 15.4% |
| 분배금 지급 기준일 | - 지급기준일 : 매 1, 4, 7, 10월의 마지막 영업일 및 회계기간 종료일[단, 위 회계기간 종료일이 영업일이 아닌 경우 그 직전 영업일] (b-) -지 급 시 기 : 지급기준일 익영업일로부터 제10영업일 이내 〔분배금 지급현황〕 |
| 지정참가회사(AP) ❓ | NH투자증권, 교보증권, 미래에셋증권, 신한금융투자, 유안타증권 |
| 유동성공급자(LP) ❓ | DB금융투자, KB증권, NH투자증권, 메리츠증권, 미래에셋증권, 삼성증권, 신한금융투자, 키움증권, 하이투자증권, 한국투자증권 |

## 관련문서

투자설명서 ⬇ | 간이투자설명서 ⬇ | 집합투자규약 ⬇ | 월간운용보고서 (FactSheet) ⬇

그림13. TIGER 미국나스닥100 정보

## 구성종목(PDF)

기준일  2022.02.16 ▾   1주 ▾   보유비중 내림차순 ▾   조회          ☰ 테이블 보기   ⊞ 트리맵 보기

엑셀다운로드

ⓘ  구성종목에 표시된 수익률의 경우 천원맵일 기준의 수익률 입니다.

| 종목코드 | 종목명 | 수량(주) | 평가금액(원) | 비중(%) | 1주수익률 |
|---|---|---|---|---|---|
| AAPL US EQUITY | Apple Inc | 474.9 | 98,272,626 | 12.54 | -1.17 |
| MSFT US EQUITY | Microsoft Corp | 217.3 | 78,193,856 | 9.98 | -1.34 |
| AMZN US EQUITY | Amazon.com Inc | 14.7 | 55,106,470 | 7.03 | -3.04 |
| NVDA US EQUITY | NVIDIA Corp | 101.8 | 32,301,559 | 4.12 | 5.52 |
| TSLA US EQUITY | Tesla Inc | 29.1 | 32,146,833 | 4.10 | 0.05 |
| GOOG US EQUITY | Alphabet Inc | 9.2 | 30,062,504 | 3.84 | -2.00 |
| GOOGL US EQUITY | Alphabet Inc | 8.7 | 28,466,807 | 3.63 | -2.00 |
| FB US EQUITY | Meta Platforms Inc | 102.6 | 27,155,100 | 3.47 | 0.37 |
| AVGO US EQUITY | Broadcom Inc | 19.8 | 14,293,171 | 1.82 | 0.42 |
| CSCO US EQUITY | Cisco Systems Inc/Delaware | 202.5 | 13,161,234 | 1.68 | -1.93 |
| PEP US EQUITY | PepsiCo Inc | 66.4 | 13,197,245 | 1.68 | -3.52 |
| ADBE US EQUITY | Adobe Inc | 22.8 | 13,092,881 | 1.67 | -6.22 |
| COST US EQUITY | Costco Wholesale Corp | 21.2 | 13,047,976 | 1.67 | -1.39 |

그림14. TIGER 미국나스닥100 ETF 구성종목 정보

면 좋습니다.

여기서 스크롤을 더 아래로 내리면 [그림14]와 같이 구성종목이라는 항목이 나오는데요, TIGER 미국나스닥100 ETF가 투자하고 있는 기업의 목록을 확인할 수 있습니다. 이 목록의 오른쪽에는 기업별 투자 비중도 함께 적혀 있습니다. 2022년 2월 기준으로는 애플이 12.54%로

가장 큰 비중을 차지하고 있는데요, 앞에서 본 QQQ에서는 12.61%로 두 수치가 조금 다른 것이 눈에 띕니다. 이는 비중이 환율에 따라 변동되고 각 ETF마다 리밸런싱하는 시기가 달라 나타나는 차이입니다.

여기까지 국내 상장된 해외 ETF 상품과 관련 정보를 확인하는 방법을 살펴봤습니다. 이 방법을 사용하면 해외 ETF뿐만 아니라 국내 ETF 상품도 쉽게 알아볼 수 있습니다. 요즘에는 국내 FTF 시장에도 매력적인 상품이 점점 늘어나고 있으니 꼼꼼히 살펴보길 권합니다.

**정리하기** **ETF 투자 시 확인해야 할 다섯 가지 항목**

1. 상장일: 상장일이 오래될수록 안정적인 종목일 확률이 높다.
2. 총보수: 거래일수에 비례해 책정되며 ETF 단가에 자동으로 계산돼 있다. 기타 비용도 함께 확인해보는 것이 좋다.
3. 자산 규모: 자산 규모가 클수록 많은 사람이 선호하고 전망이 밝은 종목일 확률이 높다.
4. 투자 섹터: 내가 투자하고자 하는 ETF가 어떤 산업으로 구성돼 있는지 확인하면 투자 방향성을 예측할 수 있다.
5. 투자 기업: ETF가 어떤 기업에 얼마큼 투자하고 있는지 파악하면 나의 투자 포트폴리오를 더욱 다양하게 구성할 수 있다.

# 2부

# ETF
# 내 맘대로 뜯어보기

# ⑤ 4장 ⑤

# 가장 심플한 투자법, 지수 추종 ETF

## 세 가지 주제로 ETF 살펴보기

지금까지 왜 ETF에 투자해야 하고 관련 정보를 어떻게 찾는지 알아봤습니다. 이제부터는 실전으로 넘어가 여러 ETF의 장단점과 특징을 비교, 분석해보겠습니다.

2022년 기준 국내 ETF 종목은 500개 이상 상장돼 있으며 미국은 그 5배인 2500개나 됩니다. 이렇게 다양한 ETF 중 투자할 만한 종목을 찾아내려면 그것이 내 투자 포트폴리오에 적합한 상품인지, 어떤 종목과 궁합이 좋을지 알아야 합니다.

2부에서는 지수 추종 ETF, 배당 ETF, 테마 ETF라는 세 가지 주제로 ETF 종목을 살펴볼 것입니다. 조금 과장해 말하면 2부에서 소개하는 ETF만 알고 있어도 어디 가서 ETF 좀 안다고 해도 될 정도입니다. 3부에서 포트폴리오를 구성하는 방법을 알아볼 때도 여기에서 소개한 종목을 토대로 이야기할 것입니다. 나중에 ETF에 투자를 하다 답답한 순간을 만났을 때 이 대목을 펼쳐보면 큰 도움이 될 것입니다.

## 가장 심플한 ETF 투자

앞서 이야기한 것처럼 ETF 투자의 장점 중 하나는 단 하나의 종목으로 다양한 기업에 투자하는 효과를 누릴 수 있다는 것입니다. 그렇다면 어떤 ETF에 투자하는 것이 가장 심플하면서도 효과적인 전략일까요? 투자에는 정답이 없다지만 과거 사례에 기초해 답해보자면 미국 주식시장을 대표하는 지수를 추종하는 ETF에 투자할 때 수익을 낼 확률이 높습니다.

주식에서 지수란 주식 시세의 전반적인 상황을 나타내기 위해 작성한 수치입니다. 일정 시기의 주가를 특정한 방법으로 계산해 산출하는데요, 우리나라의 대표적인 지수로는 코스피, 코스닥이 있죠.

한편 미국 증권거래소에는 뉴욕증권거래소와 나스닥이 있습니다. 이

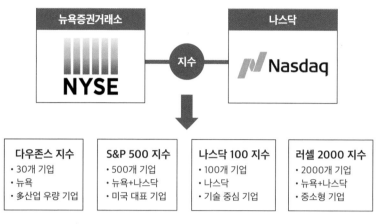

표11. 미국 대표 지수 4개

두 거래소에서 다우존스, S&P 500, 나스닥 100, 러셀 2000이라는 대표 지수 4개가 탄생했는데요, 지금부터 이 네 가지 지수를 하나하나씩 살펴보겠습니다.

다우존스 지수는 뉴욕증권거래소에서 거래되는 기업 중 각 산업을 대표하는 우량기업 30개의 시장가격을 평균해 산출하는 주가지수입니다. 100년 넘게 미국을 대표하는 국가대표 지수로 자리매김해왔는데요, 이렇게 유명하고 권위 있는 지수인 만큼 다우존스 지수에 편입되고 싶어 하는 기업도 많습니다. 2021년에는 국내 투자자 순매수 1위 기업이었던 테슬라가 그 물망에 오르기도 했으며 최근에는 구글이 주식분할을 하면서 다우존스 지수에 편입되는 것이 아니냐는 이야기도 있었습니다.

S&P 500 지수는 뉴욕증권거래소와 나스닥에서 모두 거래되는 기업 중 기업 규모, 유동성, 산업 대표성을 감안해 선정한 500개 기업으로 구성된 지수입니다. 500개 기업은 공업주 400종목, 공공주 40종목, 금융주 40종목, 운수주 20종목으로 이뤄져 있습니다. S&P 500 지수를 보면 미국의 전반적인 시장의 흐름을 파악할 수 있으며 버핏도 이 지수를 좋아한다고 합니다.

나스닥 종합 지수는 우리가 잘 알고 있는 애플, 구글, 아마존 등 IT 공룡 기업으로 구성된 지수로 1만 3000개가 넘는 기업이 편입돼 있습니다. 그중 시가총액 상위 100개 기업을 뽑아서 만든 것이 나스닥 100 지수입니다. 이 지수를 보면 유망한 미국 기업의 동향을 파악할 수 있고 미래 먹거리가 무엇인지 힌트를 얻을 수 있습니다.

마지막은 러셀 2000 지수입니다. 이 지수는 미국 중소기업의 흐름을 파악하기 위해 만들어졌습니다. 뉴욕증권거래소와 나스닥에서 거래되는 모든 기업 중 시가총액 순위 1001위부터 3000위까지의 2000개 기업으로 구성돼 있는데요, 모두 중소형 기업으로 이뤄져 있기 때문에 경기 민감도가 높습니다. 이런 이유로 미국 경기의 바로미터라고 불리기도 하죠.

각 지수의 움직임을 살펴보면 전반적인 미국증시를 파악할 수 있습니다. 나스닥 100 지수가 상승했다는 것은 미국증시가 기술주 중심으로 성장하고 있다는 것을 의미합니다. S&P 500 지수를 통해서는 대체적인 미국증시 흐름을 이해할 수 있고 러셀 2000 지수를 통해서는 경기 민감주의 상승과 하락을 파악할 수 있습니다. 이 네 가지 지수를 추종하는 ETF 상품도 각각 상장돼 있는데요, 이 종목들은 많은 투자자가 선호하는 동시에 수익률 또한 좋습니다. 그럼 이제 각 지수를 대표하는 ETF를 살펴보겠습니다.

# 미국 국가대표 지수 ETF, DIA

다우존스 지수는 미국 주가지수 중 역사가 가장 오래됐고 공신력이 가장 높습니다. 당연히 이 지수를 추종하는 ETF 상품 역시 존재하는데요, 바로 DIA입니다. 정확한 종목명은 'SPDR Dow Jones Industrial Average ETF Trust'로 스테이트 스트리트의 ETF 브랜드인 SPDR에서 운용하는 다우존스 지수 추종 ETF입니다. 다이아몬드처럼 빛난다고 해서 '다이아 ETF'라고도 불리죠.

DIA는 1998년 상장해 20년 넘게 운용되고 있는 종목으로 경제 위기 또한 여러 번 겪은 베테랑 ETF입니다. 지수 추종 ETF는 보통 자산 규모가 큰 편인데 DIA 역시 2022년 2월 기준 292억 달러(한화 약 35조 1000억 원)이며 총보수는 0.16%입니다.

DIA ETF의 가장 큰 장점은 매달 분배금을 받을 수 있다는 것입니다. 분배금의 구체적인 액수는 주가와 투자 기업의 지급액에 따라 조금씩 달라지지만 보통 1.5% 정도 수준의 분배금을 받을 수 있는 효자 종목입니다.

DIA의 투자 섹터는 2022년 2월 기준 정보기술 21.62%, 헬스케어 17.84%, 금융 16.73%, 산업 14.47%, 임의소비재 14.18%순입니다. 상위 5개 섹터의 비중이 84.84%로 대부분을 차지하고 있는데 그중에서도 기술 분야 비중이 높습니다.

한편 DIA가 투자하는 기업은 각 산업을 대표하는 우량기업 30개로 미국의 대표 기업이기도 합니다. 그중 상위 10개 기업을 보면 유나이티드헬스그룹, 골드만삭스, 홈디포, 마이크로소프트, 맥도날드, 비자, 암

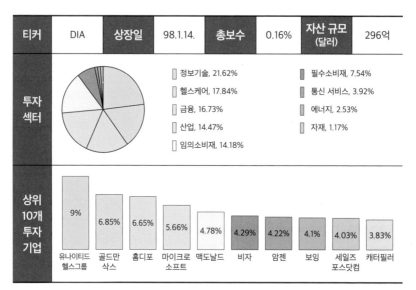

표12. DIA ETF 정리(기준일: 2022.2.17.)

젠, 보잉, 세일즈포스닷컴, 캐터필러순입니다. 대부분 한국인에게도 친숙한 기업이며 이 기업들의 배당금을 모아 월마다 분배금을 지급해줍니다. 따라서 매달 꾸준한 수익이 필요한 사람에게 좋은 투자 상품이라고 할 수 있습니다. 분배금을 재투자해 수익을 확대하는 것도 괜찮은 투자 전략입니다.

## DIA에서 주목할 만한 기업은?

그럼 DIA ETF에 포함된 30개 회사 중 주목할 만한 두 기업을 소개해보겠습니다. 첫째로 이름이 조금 생소할 수도 있는 유나이티드헬스그룹입니다. 회사명에 헬스가 들어가서 바이오 혹은 제약기업이라고 생각하는 분도 있을 수 있지만 사실 이 기업은 미국의 대표적인 보험 회사입니다. 뉴욕증권거래소에서 시가총액 10위 안에 들어가는 우량기업이기도 합니다.

그림15. 유나이티드헬스그룹 본사와 로고

유나이티드헬스그룹은 우리나라의 국민건강보험공단만큼 규모가 크며 다양한 의료 관련 서비스를 제공하고 있습니다. 대표적인 사업 포트폴리오로는 북미, 남미, 유럽, 아시아, 중동을 비롯한 150개 국가에서 운영하는 플랫폼 옵툼Optum이 있습니다. 옵툼은 운동, 수면, 만성질환 관리 등 웰니스 프로그램과 의료 비용, 의료 서비스 일정 관리 등 케어 솔루션을 제공하며 매년 폭발적으로 성장하고 있습니다.

유나이티드헬스그룹의 주가는 최근 5년 동안 3배 가까이 상승했습니다. 이는 웬만한 성장주를 뛰어넘는 상승률입니다. 여기에 더해 유나이티드헬스그룹은 배당까지 주는 배당성장 기업이라 더욱 매력적인 투자처입니다. 건강 관리에 대한 인식이 높아지고 고령화가 가속화할수록 유나이티드헬스그룹의 사업 전망은 밝을 것입니다.

두 번째 기업은 홈디포입니다. 홈디포는 건축 자재와 인테리어 디자인 도구를 판매하고 있는 회사인데요, 인테리어 시장점유율 34.3%를

그림16. 홈디포 매장과 로고

차지하는 독보적인 업계 1위 기업입니다. 특히 코로나19로 수혜를 받은 기업 중 하나이기도 하죠.

코로나19 이후 재택근무를 하는 기업이 생기고 사람들이 집에 있는 시간도 늘어나면서 인테리어의 중요성에 대한 인식이 변화했습니다. 자신만의 공간을 꾸미려는 사람들의 욕구 역시 계속 커지고 있습니다. 실제로 홈디포의 매출과 순이익은 가파르게 성장하고 있으며 최근 5년간 연평균 19%라는 놀라운 배당성장률을 보여주고 있습니다.

| 순번 | 기업명 | 순번 | 기업명 |
|---|---|---|---|
| 1 | 유나이티드헬스그룹 | 16 | P&G |
| 2 | 골드만삭스 | 17 | 월트 디즈니 컴퍼니 |
| 3 | 홈디포 | 18 | 3M |
| 4 | 마이크로소프트 | 19 | JP모건 체이스 |
| 5 | 맥도날드 | 20 | 나이키 |
| 6 | 비자 | 21 | 셰브론 |
| 7 | 암젠 | 22 | 월마트 |
| 8 | 보잉 | 23 | IBM |
| 9 | 세일즈포스닷컴 | 24 | 머크 그룹 |
| 10 | 캐터필러 | 25 | 다우 |
| 11 | 아메리칸 익스프레스 | 26 | 코카콜라 컴퍼니 |
| 12 | 허니웰 | 27 | 시스코 |
| 13 | 트래블러스 | 28 | 버라이즌 커뮤니케이션스 |
| 14 | 애플 | 29 | 인텔 |
| 15 | 존슨앤드존슨 | 30 | 월그린스 부츠 얼라이언스 |

표13. DIA ETF 구성 기업(기준일: 2022.2.17.)

유나이티드헬스그룹과 홈디포 외에도 DIA를 구성하는 30개 기업은 모두 다이아몬드처럼 빛나는 기업이며 배당성장 기업 역시 대거 포진돼 있습니다. 꼭 DIA에 투자하지 않더라도 DIA 구성 기업 30개는 미국을 대표하는 기업인만큼 기억해두면 좋습니다. 2022년 2월 시점의 리스트는 [표13]에 정리했으며 다우존스 지수 리밸런싱을 통해 편입과 편출이 발생할 수 있으니 투자자의 경우 꼭 투자 시점에 최신 목록을 다시 확인하길 바랍니다.

## 미국 성장 중심 기술주 ETF, QQQ

미국 주식에 투자한다고 하면 대부분 IT 공룡 기업인 애플, 마이크로소프트, 구글 등을 떠올립니다. 이 기업들은 실제로 우리나라 개인투자자들이 주로 매수하는 종목들이기도 합니다. 이 모두에 투자하고 싶다면 지금 소개할 ETF만 한 것이 또 없습니다. 바로 QQQ입니다.

QQQ는 나스닥 100 지수를 추종하는 ETF로 정확한 명칭은 'Invesco QQQ Trust Series 1'입니다. 인베스코가 운용하는 ETF인데요, 혁신과 성장을 모토로 하는 미국 기업 중 나스닥 시가 총액 상위 100개 기업을 선별한 상품입니다.

[표14]에서 2022년 2월 기준 QQQ의 투자 섹터를 보면 가장 대표적

인 분야는 정보기술 50.97%, 통신 서비스 18.38%, 임의소비재 16.13% 순입니다. 세 섹터만 합해도 85.48%로 구성 비중의 상당 부분을 차지할 만큼 성장에 포커스를 맞춘 ETF입니다.

QQQ의 자산 규모는 1823억 4000만 달러(한화 약 219조 8000억 원)로 미국에 상장된 2500개가 넘는 ETF 중 당당하게 자산 규모 5위를 차지할 만큼 투자자에게 사랑받는 종목입니다. QQQ의 투자 기업에는 앞서 언급한 기업들이 모두 등장합니다. 그중 상위 10개 기업을 보면 애플(12.61%), 마이크로소프트(10.04%), 아마존(7.06%), 엔비디아(4.15%), 테슬라(4.12%), 알파벳C(3.86%), 알파벳A(3.66%), 메타(3.48%), 브로드컴(1.83%), 펩시코(1.69%)가 있습니다. 여기서 알파벳은 A와 C로 나눠

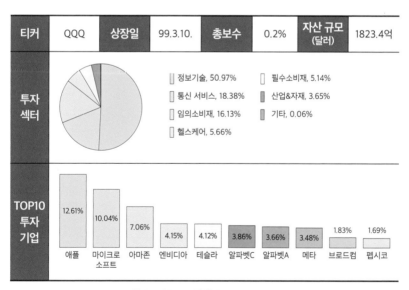

표14. QQQ ETF 정리(기준일: 2022.2.17.)

져 있지만 의결권 보유 여부만 다를 뿐 모두 구글을 의미하며 합하면 7.52%의 비중을 차지하고 있습니다. 사실상 아마존보다 구글의 비중이 더 높고 실질적으로는 전체 순위에서 3위를 기록하고 있다는 것을 알 수 있죠. 테슬라는 작년부터 꾸준히 비중이 상승해 5위를 차지하고 있는데요, 이 책이 출간된 후 또 어떤 변화가 일어날지 궁금한 기업 중 하나입니다.

ETF 투자의 장점 중 하나는 기업의 주가가 변동하면 1년에 4번 리밸런싱 시점에 그 변화가 반영된다는 것입니다. ETF를 구성하는 여러 기업의 시가총액에 따라 투자 비중이 자동으로 조절되죠. 우리가 100개 기업의 실적과 주가를 일일이 확인하지 않아도 QQQ에 투자하면 저절로 변화에 맞춰 투자할 수 있게 됩니다. 잘나가는 기업은 투자 비중이 높아지고 순위도 올라가지만 실적이 좋지 않고 악재가 있는 기업은 투자 비중이 점점 줄어듭니다. 예컨대 10년 전 QQQ에 투자했다면 그 리스트에는 IBM이 자리 잡고 있었을 것입니다. 그런데 시대가 변하고 새로운 기업이 성장하면서 IBM은 순위에서 밀려났고 엔비디아와 테슬라 같은 기업이 그 자리를 대신하게 됐죠. 이런 관리의 대가로 발생하는 QQQ의 총보수는 0.2%입니다.

최근 연례 재조정에 따라 6개 기업이 변경됐는데요, 편입된 종목은 숙박 플랫폼 기업 에어비앤비, 전기차 기업 루시드 모터스, 사이버 보안 및 소프트웨어 기업 포티넷, 팔로 알토 네트웍스, Z스케일러, 데이터독이었습니다. 편입된 기업이 속한 산업을 보면 앞으로 어떤 분야의 시장 전망이 좋을지 짐작할 수 있습니다.

지금도 미국 기업들은 나스닥 100위 기업에 들기 위해 소리 없는 전쟁을 치열하게 벌이고 있습니다. QQQ는 확실한 성장주에 투자할 수 있는 상품으로 주식투자에 많은 시간을 쏟고 싶지 않은 사람에게는 더욱 매력적인 종목입니다.


## QQQ에서 주목할 만한 기업은?

QQQ ETF에 포함된 100개 회사 중 주목할 만한 기업 2개를 소개하겠습니다. 첫째로는 전기차의 시조이자 종결자라고 할 수 있는 기업, 테슬라입니다. 보통 테슬라 하면 전기차를 만드는 기업을 떠올리지만 테슬라의 CEO 일론 머스크Elon Musk는 그보다 큰 꿈을 꾸고 그 꿈을 현실로 이뤄나가는 야망가입니다.

테슬라는 전기차의 가격을 낮춰 자동차 시장에 전기차 침투율을 높인 것은 물론 배터리 분야까지 사업을 확장하고 있습니다. 이와 더불어 테슬라가 자율주행 기술 개발에 성공하면 이동수단에 새로운 혁명이 일어나게 됩니다. 바로 로봇택시입니다.

로봇택시가 왜 혁명인지 잘 와닿지 않는다면 예를 하나 들어보겠습

그림17. 테슬라의 사이버트럭과 로고

니다. 만약 당신이 서울에서 부산으로 가야 한다면 KTX와 로봇택시 중 무엇을 선택하겠습니까? 두 수단의 운임이 같다면 로봇택시를 선택하는 쪽이 훨씬 편리할 것입니다. 로봇택시를 타면 집 앞에서 출발해 정확한 목적지에 내릴 수 있지만 KTX를 타려면 서울역까지 가야 하고 부산역에 내려서도 목적지까지 또 다른 이동수단을 이용해야 하니 말입니다.

여기서 잠깐, KTX가 더 빠르지 않느냐는 질문을 할 수 있겠죠. 로봇택시가 등장할 정도가 되면 차량 대부분이 자율주행으로 운행되기 때문에 각 차량이 서로의 패턴을 인식할 수 있습니다. 이렇게 쌓인 운행 데이터에 의해 교통 체증은 줄어들고 더 빠르게 이동할 수 있게 되죠.

이 모든 이야기가 조금 낯설고 허황된 개념으로 느껴지나요? 하지만 이미 이와 관련된 보고서도 나왔을 정도로 로봇택시 사업은 생각보다 빠르게 진행되고 있습니다. 그리고 로봇택시가 상용화되면 운송, 항공,

그림18. 엔비디아의 GPU와 로고

보험, 차량 A/S 등 또 다른 산업까지 영향을 끼칠 것입니다. 그렇게 세상은 우리에게 좀 더 편리한 방향으로 발전할 것이고 이런 상상을 현실로 만드는 기업이 바로 테슬라입니다.

두 번째 기업은 4차산업혁명의 뿌리라고 할 수 있는 엔비디아입니다. 엔비디아의 사업 분야를 보면 게임, 데이터센터, 자율주행, 인공지능, 메타버스가 있는데요, 이런 미래 먹거리 산업 대부분이 엔비디아와 연관돼 있습니다. 고화질 영상을 구현하는 그래픽 기술과 계산 속도를 향상하는 GPUGraphics Processing Unit 기술은 엔비디아가 독보적이기 때문입니다.

얼마 전까지만 해도 컴퓨터 혹은 스마트폰으로 영화를 보려면 해당 파일을 다운로드해야 했습니다. 노래도 파일을 기기에 다운받아야 들을 수 있었죠. 하지만 스트리밍이라는 개념이 등장하면서 이제는 언제 어디서나 실시간으로 보고 싶은 영상을 보고 듣고 싶은 음악을 듣게 됐습니다. 모두 통신 기술과 클라우드 기술이 발전하면서 가능해진 일이라고 할 수 있습니다. 4차산업혁명에서 메타버스에 이르기까지 이런 데이터센터의 필요성은 점점 더 커질 것이며 이 과정에서 엔비디아의 GPU는 톡톡히 한몫을 해낼 것입니다.

지금 같은 상황이라면 엔비디아의 성장은 보장돼 있습니다. 엔비디아의 주가는 지금도 높지만 미래를 생각하면 지금이 제일 낮은 가격임은 확실합니다. 물론 상황이 반전돼 엔비디아의 기술이 쓸모없어진다면 주가 또한 하락을 면치 못하겠죠. 사실 혁신성장주에는 이런 리스크가 항상 존재합니다. 따라서 실패 확률을 줄이기 위해서는 분산투자를 하는 것이 좋습니다. QQQ를 선택하는 이유가 바로 여기에 있습니다.

## 미국 주식 전체에 투자하는 ETF, VOO

미국 주식시장에 성장주만 있는 것은 아닙니다. 글로벌 주식시장에서 가장 규모가 큰 무대는 미국 시장입니다. 다양한 분야의 세계 1, 2위 기업들이 미국에 모여 있으며 타국 기업이라 할지라도 미국 시장에 상장하기를 희망하는 경우가 많습니다. 이런 미국 주식시장 전반에 고르게 투자하는 ETF를 소개하려고 합니다. 바로 S&P 500 지수를 추종하는 VOO입니다.

사실 S&P 500 지수를 추종하는 ETF로 가장 유명한 것은 SPY ETF 입니다. 그런데 이 책은 왜 VOO를 소개할까요? 바로 VOO의 총보수 가 더 낮기 때문입니다. 같은 지수를 추종하는 ETF는 수익률 역시 크 게 차이가 나지 않습니다. 따라서 그중 수수료가 저렴한 ETF를 고르는 것이 현명한 선택입니다.

앞서 ETF에 투자할 때 살펴봐야 할 다섯 가지 항목으로 상장일, 총 보수, 자산 규모, 투자 섹터, 투자 기업이 있다고 이야기했는데요, 같은 S&P 500 지수를 추종하는 ETF의 경우 투자 섹터와 기업 역시 동일합 니다. 또한 자산 규모도 대부분 2500억 달러가 넘기 때문에 자산 규모, 투자 섹터, 투자 기업, 이 세 가지는 선택 조건이 되지 않습니다.

이럴 때는 간단하게 어떤 종목의 수수료가 가장 낮은지 보는 것이 좋습니다. 결국 세금을 덜 내고 수수료를 덜 주면서 내 수익을 얼마나 극대화할 수 있는지 따져야 한다는 뜻입니다. 그리고 VOO와 IVV의

| 종목 | SPY | VOO | IVV |
|---|---|---|---|
| 운용사 | 스테이트 스트리트 | 뱅가드 | 블랙록 |
| 상장일 | 1993.1.22. | 2010.9.7. | 2000.5.15. |
| 총보수 | 0.09% | 0.03% | 0.03% |
| 자산 규모 (달러) | 3947억 | 2769억 | 3207억 |
| 투자 섹터 | 기술, 임의소비재, 금융, 헬스케어 등 | | |
| 투자 기업 | S&P 500 기업 | | |

표15. SPY, VOO, IVV 비교(기준일: 2022.2.17.)

총보수는 SPY보다 3배 낮은 0.03%입니다. 이는 전체 ETF 중에서도 저렴한 편에 속합니다.

그럼 VOO를 좀 더 자세히 살펴보겠습니다. VOO의 정확한 종목명은 'Vanguard 500 Index Fund ETF'로 뱅가드에서 운영하는 S&P 500 지수 추종 ETF입니다. 이 상품은 S&P 500 지수에 속한 각 기업의 시가총액 비중에 따라 투자하기 때문에 투자 섹터 역시 정보기술 분야 비중이 28.7%로 가장 높습니다. 그다음은 헬스케어(13.1%), 임의소비재(12.0%), 금융(11.2%)순으로 이어집니다. QQQ와 마찬가지로 기술주가 가장 높네요.

여기서 잠깐, 아까부터 계속 언급하는 임의소비재에 정확히 어떤 분야가 속해 있는지 궁금하지 않나요? 임의소비재는 의류, 레스토랑, 자동차, 미디어 등 살아가는 데 필수적이지 않은 상품과 관련된 분야를 지칭합니다. 그래서 경기가 위축되거나 불황이 닥치면 임의소비재 소비가 줄어들고 반대로 경제가 활성화되면 임의소비재 소비가 크게 늘어납니다. 대표적인 임의소비재 기업으로는 아마존과 홈디포가 있습니다. VOO ETF가 임의소비재에 투자하는 비중은 12.0% 정도로 높은 편입니다. 그 밖에도 나머지 분야의 비중도 함께 살펴보면서 내가 투자하려는 ETF의 성향을 파악하는 과정이 필요합니다.

투자 기업도 살펴볼까요? VOO의 투자 비중 상위 10개 기업은 QQQ와 비슷합니다. 주목할 것은 각 기업의 비중입니다. QQQ에서

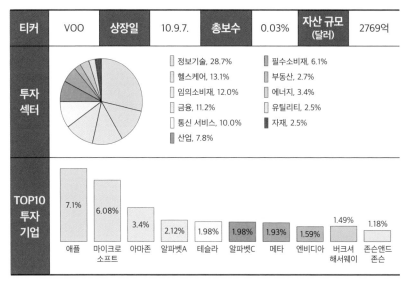

| 티커 | VOO | 상장일 | 10.9.7. | 총보수 | 0.03% | 자산 규모 (달러) | 2769억 |
|---|---|---|---|---|---|---|---|

**투자 섹터**

- 정보기술, 28.7%
- 헬스케어, 13.1%
- 임의소비재, 12.0%
- 금융, 11.2%
- 통신 서비스, 10.0%
- 산업, 7.8%
- 필수소비재, 6.1%
- 부동산, 2.7%
- 에너지, 3.4%
- 유틸리티, 2.5%
- 자재, 2.5%

**TOP10 투자 기업**

| 애플 | 마이크로소프트 | 아마존 | 알파벳A | 테슬라 | 알파벳C | 메타 | 엔비디아 | 버크셔 해서웨이 | 존슨앤드존슨 |
|---|---|---|---|---|---|---|---|---|---|
| 7.1% | 6.08% | 3.4% | 2.12% | 1.98% | 1.98% | 1.93% | 1.59% | 1.49% | 1.18% |

표16. VOO ETF 정리(기준일: 2022.2.17.)

는 애플의 비중이 10%가 넘었는데 VOO에서는 7.1%를 차지하고 있습니다. 왜일까요? QQQ는 100개 기업에 투자하고 VOO는 500개 기업에 투자하기 때문입니다. 그러니 당연히 기업별 투자 비중이 줄어드는 것입니다. VOO는 QQQ와 비교해 5배의 분산투자 효과를 누릴 수 있으며 그만큼 주가 등락폭도 낮고 안정적입니다. 그 밖에도 VOO에는 QQQ 기업 목록에서 찾아볼 수 없었던 회사인 버핏의 버크셔 해서웨이나 금융 분야의 JP모건 체이스도 있습니다. 즉, VOO는 QQQ보다 더 다양한 자산에 투자를 하고 있습니다.

# VOO에서 주목할 만한 기업은?

VOO ETF에 포함된 500개 회사 중 제가 좋아하는 기업 2개를 소개하겠습니다. 먼저 애플입니다. 사실 애플은 아이폰으로 너무 유명해 따로 설명이 필요 없을 만한 기업입니다. 애플 로고만 있으면 뭐든 잘 팔린다고들 할 정도로 애플에 대한 팬들의 충성심은 대단합니다. 이런 기업이 배당까지 주고 있으니 미국 주식투자자라면 주목할 만한 기업입니다. 버핏도 애플에 투자하고 있는데요, 버크셔 해서웨이 투자 기업 중 투자 비중 40%로 1위를 차지하고 있습니다.

애플의 가장 큰 강점은 꾸준히 혁신을 시도한다는 것입니다. 처음에는 아이팟이라는 MP3를 개발해 전 세계인의 사랑을 받았습니다. 그다음에는 아이폰을 개발해 스마트폰 사업을 선도했습니다. 여기서 멈추지 않고 애플은 맥북, 에어팟, 애플워치 등 다양한 하드웨어 기반 산업에 도전하고 애플 서비스를 통해 플랫폼 사업까지 그 범위를 확장

그림19. 애플의 다양한 기기와 로고

했습니다. 나아가 이제는 반도체를 만들고 심지어 전기차까지 개발 중입니다.

애플은 이 같은 혁신을 통해 지속 성장이 가능한 기업으로 거듭난 것은 물론 시가총액으로 영국 전체의 GDP를 넘어서는 글로벌 기업이 됐습니다. 한 기업의 가치가 전 세계에서 경제 규모로 열 손가락 안에 꼽히는 국가만큼 커진 것입니다. 이렇게 국가급 기업이 된 애플은 단순히 핸드폰을 만드는 기업을 뛰어넘어 앞으로도 계속해서 진화하고 성장해나갈 것입니다.

다음 기업은 JP모건 체이스입니다. JP모건 체이스는 JP모건과 체이스가 합쳐진 이름입니다. 원래 JP모건은 투자은행으로 주식과 채권을 발행하고 거래하는 기업이었고 체이스는 예금과 대출 업무를 하는 일반 은행이었는데 이 두 기업이 합병하면서 JP모건 체이스가 탄생했습니다. 쉽게 이야기하면 국민은행과 키움증권을 합쳐놓은 결과물인 셈입니다.

그림20. JP모건 체이스 본사와 로고

금융주는 금리에 큰 영향을 받습니다. 금리 하락기에는 은행주가 악영향을 받는데 JP모건 체이스는 투자은행을 겸하고 있기 때문에 주가를 방어할 수 있습니다. 반대로 금리 상승 국면에서는 은행주의 수익이 올라가니 JP모건 체이스의 수익도 올라가게 됩니다. 이렇게 JP모건 체이스는 안정적인 수익 구조를 갖고 있을 뿐만 아니라 배당까지 주는, 투자하기 좋은 기업입니다.

## 미국의 숨은 진주 중소형주 ETF, IWM

미국 증권시장에는 우리가 모르는 수많은 기업들이 있습니다. 테슬라조차 사람들에게 관심을 받기 시작한 지 10년이 채 되지 않을 정도입니다. 이처럼 미국에는 숨은 진주 같은 기업이 많습니다. 그 기업들을 묶어서 투자할 수 있는 ETF가 바로 러셀 2000 지수를 추종하는 IWM ETF입니다.

IWM의 정식 명칭은 'iShares Russell 2000 ETF'로 블랙록이 운용하는 ETF 상품입니다. 여기서 아이셰어즈는 블랙록의 ETF 브랜드 이름입니다. IWM이 추종하는 러셀 2000 지수는 미국 증권시장에 상장된 2000개의 중소형주로 구성된 지수로 시가총액 1001~3000위까지의 기업으로 이뤄져 있습니다. IWM이 투자하는 기업에는 내수 비중이 높고 마진이 낮은 기업들이 많아 경기에 민감하게 반응하고 변동 폭도 큰 편입니다.

경기가 좋다고 판단되는 시기에는 투자 위험 자산에 대한 선호도가 높아지면서 중소형주에 투기세력이 붙습니다. 또 반대의 경우에는 주가가 큰 폭으로 하락하기도 합니다. 이런 위험 자산에는 넓게 분산투자를 해야 리스크가 줄어듭니다. 안전하게 중소형주에 투자하고 싶은 투자자의 경우 IWM ETF를 매수하면 2000개 기업에 투자하는 것과 같은 효과를 볼 수 있습니다.

IWM의 투자 섹터를 볼까요? 금융이 16.91%로 가장 큰 비중을 차지하고 있으며 헬스케어(16.75%), 산업(15.06%), 정보기술(13.85%), 임의소

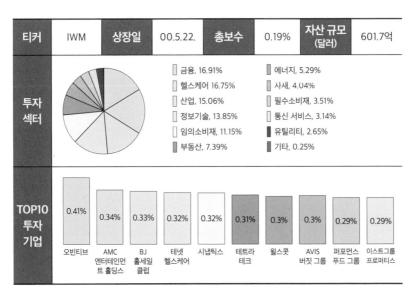

| 티커 | IWM | 상장일 | 00.5.22. | 총보수 | 0.19% | 자산 규모 (달러) | 601.7억 |
|---|---|---|---|---|---|---|---|

표17. IWM ETF 정리(기준일: 2022.2.17.)

그림21. 크록스의 보트 슈즈와 로고

비재(11.15%)순으로 다양하게 분포된 것을 볼 수 있습니다. IWM의 투자 기업에는 시가총액이 낮은 기업들이 다수 포진돼 있다 보니 내수 비중이 크고 마진이 낮은 회사들이 많으며 상위 10개 기업 역시 우리에게 낯선 기업이 대부분입니다.

IWM이 투자하는 기업 중에는 진흙 속에 숨은 진주 같은 기업도 있습니다. 대표적인 기업이 크록스인데요, 크록스의 대표 상품인 보트 슈즈는 우리나라 드라마 〈슬기로운 의사생활〉에 나왔을 정도로 의사들이 사랑하는 신발로 유명합니다. 크록스에서 생산된 신발은 현재까지 7억 켤레 이상 판매됐으며 최근 4년 평균 매출 성장률이 13%, 마진이 20%인, 제조업 분야에서 아주 매력적인 기업입니다. 러셀 2000 지수에는 이렇게 다양한 기업이 속해 있습니다.

# IWM에서 주목할 만한 기업은?

IWM ETF에 포함된 2000개 회사 중 제가 좋아하는 기업 2개를 소개하겠습니다. 먼저 디지털 터빈입니다. 터빈이란 이름이 들어가니 제조기업 같아 보이지만 사실 플랫폼 회사입니다.

우리는 스마트폰 없이는 하루도 버티기 힘든 세상에 살고 있습니다. 스마트폰 배터리가 다 떨어지면 초조하고 불안할 정도로 스마트폰은 현대인의 필수품이 됐으며 스마트폰으로 사용 가능한 애플리케이션(앱)도 무궁무진합니다. 스마트폰 앱을 만드는 기업은 미국에만 대략 20만 개 정도 되며 매일같이 새로운 앱이 쏟아지고 있는 상황입니다. 이렇게 무수한 앱을 광고하는 기업이 바로 디지털 터빈입니다.

디지털 터빈의 비즈니스 모델은 다양합니다. 통신사나 모바일 OEM 업체와 계약해 스마트폰을 처음 사용할 때 필요한 앱을 소개하기도 하고 앱 추천 목록이나 배너 광고를 통해 해당 앱을 설치할 수 있는 시스템을 제공하기도 합니다. 디지털 터빈은 현재 40개 이상의 고객사와

그림22. 디지털 터빈의 로고와 대표적인 고객사 목록

그림23. 물류 인프라의 예시와 스태그 인더스트리얼 로고

계약을 맺고 있고 5억 개가 넘는 스마트폰에 디지털 터빈의 플랫폼이 들어가 있습니다. 디지털 터빈의 고객사로는 우리나라 기업인 삼성도 있죠. 온라인 세상이 발전할수록 이득을 보는 기업이 바로 디지털 터빈으로 계속 혁신을 더해나가고 있습니다.

다음은 리츠REITs 기업인 스태그 인더스트리얼입니다. 우리가 일반적으로 생각하는 아파트나 오피스텔 같은 건물 임대가 아닌 창고 및 유통 건물로 구성된 물류 인프라에 투자하는 기업입니다.

오프라인 쇼핑을 온라인이 대체하면서 구매 품목이 다양해졌고 심지어 자동차까지도 온라인으로 살 수 있게 됐습니다. 이런 변화를 보고 많은 사람이 더 이상 오프라인 공간은 필요 없다고 생각합니다. 하지만 우리가 온라인에서 결제를 하더라도 물건은 오프라인에서 배송돼야 하므로 물류 인프라를 담을 부동산의 역할이 중요해졌습니다. 그동안 백화점, 상점 등에 전시하던 물건들을 소비자에게 창고에서 곧바로 전해줄 시설이 필요해진 것입니다. 앞으로 이커머스 시장이 커질수록 물류 인프라는 더욱 성장해갈 것입니다.

스태그 인더스트리얼은 이와 관련된 대표적인 기업 중 하나로 미국 중서부와 동부에 위치하고 있으며 39개 주에 걸쳐 총 1억 100만 평방피트에 달하는 501개 건물을 보유하고 있습니다. 그 건물들은 현재 97.2%의 임대율을 자랑하는데요, 501개 중 421개는 물류 및 유통센터고 73개는 제조업, 나머지 7개는 오피스 빌딩입니다. 스태그 인더스트리얼은 월 배당을 지급한다는 특징이 있으며 배당수익률은 3% 수준입니다.

**정리하기** **지수 추종 ETF의 종류**

1. DIA: 다우존스 지수 추종 ETF. 미국 대표 우량기업 30개에 투자.
2. QQQ: 나스닥 100 지수 추종 ETF. 미국 혁신성장 기업 100개에 투자.
3. VOO: S&P 500 지수 추종 ETF. 미국 주식시장 전반에 고르게 투자.
4. IWM: 러셀 2000 지수 추종 ETF. 미국 중소형주 2000개에 투자.

# 🪙 5장 🪙

# 노후를 준비하는
# 배당 ETF 투자

## 배당 ETF에 투자해야 하는 이유

투자를 하는 이유는 뭘까요? 아마 돈을 많이 벌어 행복하게 살고 싶다는 목적이 가장 클 것입니다. 저 또한 그런 생각으로 투자를 시작했으니까요. 자본주의사회에서 돈은 행복해지는 데 없어서는 안 될 요소입니다. 공기나 물처럼 생명을 유지하는 데 꼭 필요한 수단이죠. 우리는 24시간밖에 주어지지 않는 하루의 상당 부분을 돈을 버는 데 소비합니다. 이를 노동이라고 부르죠.

　노동과 투자를 병행하다 보면 점점 내가 직접 노동하지 않고 돈을 버는 방법이 뭐가 있을지 고민하게 됩니다. 내가 일하는 것이 아니라 내 돈이 대신 일을 해서 내게 돈을 가져다주는 방식, 즉 불로소득을 생각해보는 것이죠. 이럴 때 사람들이 가장 쉽게 떠올리는 것이 월세와 배당입니다.

월세는 부동산으로 벌 수 있는 수익이고 배당은 주식으로 벌 수 있는 수익입니다. 그런데 대부분의 사람들이 월세는 큰돈이 되는데 배당은 그렇지 않다고 생각합니다. 정말 그럴까요? 한번 더 자세히 비교해봅시다.

현재 서울에 있는 오피스텔에 투자해 월세를 받으면 수익률이 3~5% 정도 나오는데요, 미국 주식시장에 있는 배당주 중에는 이와 비슷한 수익이 나는 기업들이 많습니다. 그중 대표적인 기업이 리얼티인컴입니다. 미국에서 상업용 부동산을 운영하는 부동산 투자신탁(리츠) 회사로 배당률이 4% 정도 되며 매달 달러로 돈이 들어옵니다.

리얼티인컴에 투자하는 것과 오피스텔에 투자하는 것 중 어느 쪽이 더 현명한 선택일까요? 결정을 내리기 어렵다면 다시 묻겠습니다. 리얼티인컴은 1주에 8만 원이고 서울 오피스텔은 1채에 3억 원입니다. 우리가 좀 더 쉽게 접근할 수 있는 투자 방법은 둘 중 무엇일까요? 사용할 수 있는 투자금이 1000만 원뿐이라면 당연히 리얼티인컴에 투자해야 합니다.

설령 3억 원이 있다 해도 서울 오피스텔보다는 리얼티인컴 주식을 매수하는 것이 더 현명한 선택일 수 있습니다. 월마트와 개인 중 누가 더 안정적으로 월세를 입금할 수 있을까요? 리얼티인컴은 월마트 같은 기업에 월세를 주고 투자를 하는 리츠 회사입니다. 점포 관리, 임대 문의 같은 번거로운 일은 리얼티인컴에서 담당하고 우리는 동업자로서 리얼티인컴에 투자만 하면 됩니다. 하지만 오피스텔에 투자하면 매년 세입자를 들이고 노후된 시설을 직접 수리해야 합니다. 그렇게 힘든 일은 아니라고 생각할 수도 있겠지만 리얼티인컴에 투자하는 것보다는 많은 시간을 소비하게 될 것입니다. 주식투자는 손가락으로 스마트폰을 몇 번 클릭하기만 해도 할 수 있으니까요.

오피스텔은 시세 차익이 발생한다고요? 배당 기업 또한 매년 성장을 합니다. 코카콜라 컴퍼니가 그랬고 리얼티인컴도 마찬가지입니다. 세금을 따져봐도 부동산 취등록세와 주식투자 금융소득세를 비교하면 2000만 원 전까지는 배당소득에 대한 세금이 부동산에서 발생하는 세금보다 훨씬 적습니다. 그 이상은 종합소득에 따라 달라지겠지만 배당 쪽도 나쁜 선택이 아니라는 것을 알 수 있습니다.

이렇듯 배당투자는 노후에 매달 안정적인 수익을 가져다줄 필수 수입원입니다. 그럼 지금부터 어떤 배당 ETF에 투자하면 좋을지 살펴보겠습니다.

# 지금 당장 리츠 고배당 ETF, VNQ

많은 사람이 부동산투자는 안정적이라고 생각합니다. 반은 맞고 반은 틀린 말입니다. 발전 가능성이 높고 유동 인구가 많은 지역에 있는 부동산은 꾸준히 가격이 올라 좋은 투자 수단이 될 수 있지만 반대로 인적이 드물고 경기가 침체된 지역에 있는 부동산은 팔고 싶어도 사줄 사람이 없어 곤욕을 치를 수 있습니다. 즉, 부동산투자에 성공하려면 좋은 대상을 선택하는 안목을 갖춰야 합니다.

반면 리츠 기업의 경우 개인투자자 대신 전문가들이 알아서 투자 가

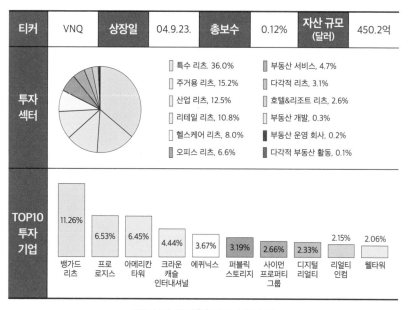

| 티커 | VNQ | 상장일 | 04.9.23. | 총보수 | 0.12% | 자산 규모 (달러) | 450.2억 |
| --- | --- | --- | --- | --- | --- | --- | --- |

**투자 섹터**

- 특수 리츠. 36.0%
- 주거용 리츠, 15.2%
- 산업 리츠, 12.5%
- 리테일 리츠, 10.8%
- 헬스케어 리츠, 8.0%
- 오피스 리츠, 6.6%
- 부동산 서비스, 4.7%
- 다각적 리츠, 3.1%
- 호텔&리조트 리츠, 2.6%
- 부동산 개발, 0.3%
- 부동산 운영 회사, 0.2%
- 다각적 부동산 활동, 0.1%

**TOP10 투자 기업**

| 뱅가드 리츠 | 프로 로지스 | 아메리칸 타워 | 크라운 캐슬 인터내셔널 | 에퀴닉스 | 퍼블릭 스토리지 | 사이먼 프로퍼티 그룹 | 디지털 리얼티 | 리얼티 인컴 | 웰타워 |
| --- | --- | --- | --- | --- | --- | --- | --- | --- | --- |
| 11.26% | 6.53% | 6.45% | 4.44% | 3.67% | 3.19% | 2.66% | 2.33% | 2.15% | 2.06% |

표18. VNQ ETF 정리(기준일: 2022.2.17.)

치가 있는 매물을 분석하고 투자합니다. 나에게 부동산을 보는 안목이 없다 해도 투자하는 데 문제가 되지 않죠.

주거, 산업, 토지 등 투자하는 부동산 유형에 따라 다양한 리츠 기업이 존재합니다. 그리고 이런 기업을 모두 모아서 한 번에 투자할 수 있게 만든 상품이 바로 VNQ ETF입니다. 이 종목의 투자 섹터는 특수 리츠(36.0%), 주거용 리츠(15.2%), 산업 리츠(12.5%) 등으로 다양하게 구성돼 있습니다. 투자 기업에는 미국을 대표하는 건설 관련 기업들이 포진해 있는데요, 앞으로 인프라 투자가 이어진다면 수혜를 받을 기업들이기도 합니다.

## VNQ에서 주목할 만한 기업은?

VNQ ETF가 투자하는 기업 중 주목할 만한 기업 2개를 소개하겠습니다. 먼저 아메리칸 타워입니다. 아메리칸 타워는 무선통신 인프라를 공급하는 회사로 24개 국가에 무선 네트워크를 배포, 지원하는 서비스를 제공하고 있습니다.

통신사의 통신탑 투자가 늘어남에 따라 이를 공급하는 아메리칸 타워의 임대 수익 역시 증가 추세입니다. 아메리칸 타워가 소유한 무선 통신탑과 무선 네트워크는 미국 내에만 4만 3000개, 전 세계에서는

그림24. 통신탑의 예시와 아메리칸 타워 로고

14만 개가 넘습니다. 아메리칸 타워의 대표 고객사로는 AT&T, 버라이즌 커뮤니케이션스, T-모바일이 있습니다. 한국으로 치면 SK텔레콤, KT, LG와 같은 통신 회사며 이들이 서비스를 차질 없이 제공하려면 아메리칸 타워의 통신탑을 임대해야 합니다. 아메리칸 타워는 미국 리츠 기업 중 시가총액 1위를 차지하고 있으며 아메리칸 타워의 임대 수익은 미국 58%, 해외 42%로 다각화돼 있습니다. 5G시대의 시작과 함께 통신 기술 산업은 계속 발전할 것입니다. 세계 최대 규모의 통신 인프라 리츠 회사로서 아메리칸 타워의 입지가 주목됩니다.

두 번째 기업은 프로로지스입니다. 프로로지스는 세계적인 물류 및 상업용 부동산 리츠 회사로 19개국에서 약 4000개 이상의 물류 인프라와 5000개 이상의 고객사를 보유하고 있는 안정적인 기업입니다.

프로로지스의 고객사 중 대표적인 기업에는 아마존, DHL, 페덱스, 홈디포, LG그룹 등이 있는데 그중에서도 아마존은 프로로지스의 최대 임차인입니다. 세입자 아마존의 건물주가 프로로지스인 셈인데요, 프로로지스의 전체 임대 수익 중 약 6% 정도가 아마존에서 나오고 있습

그림25. 프로로지스의 물류 센터와 로고

니다.

프로로지스는 이 외에도 다양한 물류 시설을 보유하고 있습니다. 코로나19가 전 세계로 퍼져나가면서 언택트 시대의 서막이 열렸고 비대면 서비스에 대한 사람들의 선호도도 계속해서 증가하고 있습니다. 이에 따라 이커머스 시장 또한 지속적으로 성장할 것이며 늘어나는 수요를 충족시키기 위해 물류 센터와 유통 설비도 더욱 필요해질 것입니다. 프로로지스는 이런 변화의 수혜자가 될 기업입니다.

보통 부동산투자라고 하면 아파트와 상가를 떠올립니다. 하지만 이는 부동산투자의 일부분에 지나지 않으며 산업의 발전과 더불어 다양한 산업용 부동산이 등장하고 있습니다. 예컨대 최근에는 클라우드 산업 발전에 따른 데이터센터 부지 수요와 고령화에 따른 요양 시설 부지 수요가 증가하는 추세입니다. 그래서 기업 하나, 산업 하나에 투자하기보다 VNQ ETF와 같은 리츠 ETF에 투자하면 여러 부동산 자산에 고르게 투자할 기회를 얻을 수 있습니다.

# 미래를 내다보는 배당성장 ETF

당신은 왜 투자를 하나요? 투자 컨설팅을 진행한 저의 경험에 따르면 언제까지 어떤 목적으로 투자를 하겠다는 뚜렷한 계획을 가진 사람은 드뭅니다. 대부분은 그냥 지금 가진 여윳돈을 어디에 투자할지만 고민하죠. 하지만 그 전에 생각해봐야 할 것이 있습니다. 바로 '나는 왜 투자를 하려고 하는가'입니다. 3년을 투자하는 것과 10년을 투자하는 것에는 큰 차이가 있습니다. 먼 미래를 대비해 노후 자금을 모으려고 투자하는 것과 가까운 미래에 사용할 목돈을 벌기 위해 투자하는 것 역시 차이가 있습니다. 따라서 투자 성향과 목적에 따라 투자 아이디어는 달라질 수 있습니다.

투자를 시작한 다음 가장 중요한 일은 섣불리 팔지 않고 버티는 것인데요, 맞춤 정장을 입듯 내게 꼭 맞는 투자를 해야 원하는 기간 동안 지치지 않고 꾸준히 투자를 이어갈 힘이 생깁니다. 그러지 못하면 내게 맞지 않은 옷을 입은 것처럼 투자를 하는 내내 찜찜하고 불안한 마음을 떨쳐버릴 수 없습니다. 즉, 주변의 유혹을 모두 뿌리치고 처음에 가졌던 신념을 지키려면 나의 투자 성향을 잘 알아야 합니다.

예컨대 누군가에게는 배당주 투자가 맞지 않을 수 있습니다. 성장주에 비해 주가가 느리게 상승해 상대적으로 답답하고 손해 보는 느낌이 들어 싫을 수 있죠. 하지만 반대로 절대 조금이라도 원금을 잃을 수 없다 하는 사람이라면 적지만 확실한 수익을 챙기기 위해 채권과 배당주에 투자하는 게 좋습니다.

나의 투자 성향을 잘 모르겠을 때는 배당주와 성장주의 장점만 모아 놓은 교집합에 투자하는 것이 대안이 될 수 있습니다. 이를테면 배당성장 종목에 투자하는 것입니다. 배당성장 기업이란 배당을 받을 수 있으면서도 미래가치가 계속 높아져 주가 상승을 기대할 수 있는 기업을 말합니다. 저는 개인적으로 이런 배당성장 기업을 선호하는데 버핏 또한 배당을 주면서 꾸준히 성장해가는 기업에 투자하는 것으로 유명합니다.

앞서 잠깐 언급했지만 버핏의 대표적인 투자 기업 중 하나는 애플입니다. 이 이야기를 들으면 애플은 성장주 아니냐고 반문할 수 있지만 사실 10년째 배당을 늘려온 배당성장 기업입니다. 배당성장률보다 주가가 더 빠르게 올라 현재는 배당률이 1%도 안 되지만 10년 전에 애플에 투자했다면 지금은 8%가 넘는 배당을 받을 수 있습니다. 이런 이유에서 투자 기간이 길면 길수록 배당을 꾸준히 늘려온 기업에 투자하는 것이 더 유리할 수 있습니다.

투자하기 좋은 종목인 만큼 배당성장주와 관련된 ETF도 다양합니다. 그중 대표적인 배당성장 ETF 4개를 비교해보겠습니다.

첫 번째는 DGRO입니다. 정확한 종목명은 'iShares Core Dividend Growth ETF'로 블랙록에서 운용하는 상품입니다. 5년 이상 배당을

| 종목 | DGRO | VIG | SCHD | NOBL |
|---|---|---|---|---|
| 운용사 | 블랙록 | 뱅가드 | 찰스 슈왑 | 프로셰어즈 |
| 상장일 | 2014.6.10. | 2006.4.21. | 2011.10.20. | 2013.10.9. |
| 총보수 | 0.08% | 0.06% | 0.06% | 0.35% |
| 자산 규모 (달러) | 227.3억 | 642.4억 | 338.5억 | 96.7억 |
| 배당성장 | 5년 이상 | 10년 이상 | 10년 이상 | 25년 이상 |
| 배당률 | 2.01% | 1.54% | 2.89% | 2.0% |

표19. DGRO, VIG, SCHD, NOBL 비교(기준일: 2022.2.17.)

증가시킨 391개 우량기업에 투자하는 종목이며 배당률은 2% 정도 됩니다.

두 번째는 VIG입니다. 정확한 종목명은 'Vanguard Dividend Appreciation Index Fund ETF'로 뱅가드에서 운용하는 상품입니다. 10년 이상 배당을 늘려온 249개 기업에 투자하는 종목이며 기술, 산업, 헬스케어 등 다양한 섹터로 구성돼 있습니다. 배당률은 1.5% 정도 됩니다.

세 번째는 SCHD ETF로 VIG처럼 10년 이상 연속으로 배당을 늘려온 기업에 투자하는 ETF입니다. 'Schwab US Dividend Equity ETF'가 정확한 종목명으로 세계적인 자산운용사 찰스 슈왑에서 운용하는 상품입니다. 이 ETF의 특징은 투자 대상 기업을 선정할 때 채무 부담과 수익성을 고려한다는 점으로 그 기준에 따라 선발한 100개 기업에 투자를 합니다.

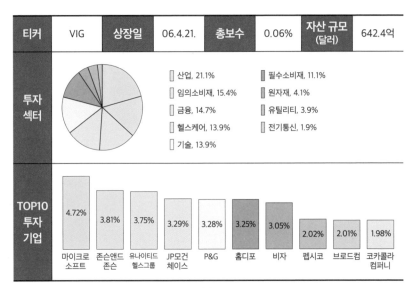

| 티커 | VIG | 상장일 | 06.4.21. | 총보수 | 0.06% | 자산 규모 (달러) | 642.4억 |

**투자 섹터**

- 산업, 21.1%
- 임의소비재, 15.4%
- 금융, 14.7%
- 헬스케어, 13.9%
- 기술, 13.9%
- 필수소비재, 11.1%
- 원자재, 4.1%
- 유틸리티, 3.9%
- 전기통신, 1.9%

**TOP10 투자 기업**

| 마이크로 소프트 | 존슨앤드 존슨 | 유나이티드 헬스그룹 | JP모건 체이스 | P&G | 홈디포 | 비자 | 펩시코 | 브로드컴 | 코카콜라 컴퍼니 |
| --- | --- | --- | --- | --- | --- | --- | --- | --- | --- |
| 4.72% | 3.81% | 3.75% | 3.29% | 3.28% | 3.25% | 3.05% | 2.02% | 2.01% | 1.98% |

표20. VIG ETF 정리(기준일: 2022.2.17.)

네 번째는 NOBL로 25년 이상 배당을 증가시킨 66개 기업에 투자하는 종목입니다. 프로셰어즈가 운용하고 있으며 정확한 종목명은 'ProShares S&P 500 Dividend Aristocrats ETF'입니다. 이름 그대로 '배당 귀족주'라고도 불리는데요, 25년이라는 긴 세월 동안 배당을 지속적으로 늘려왔다는 것은 경제 위기 때도 배당 컷을 하지 않았을 정도로 꾸준히 성장했다는 뜻입니다. 그만큼 멋진 기업들이 모여 있는 ETF로 산업, 필수소비재, 금융 비중이 60%가 넘습니다. 특이한 점은 균등 분배 방식으로 투자를 한다는 것인데요, NOBL ETF는 시가총액 순위로 비중을 나누는 방식이 아니라 대상 기업에 균등하게 투자하는 방식을 채택하고 있습니다.

네 가지 배당성장 ETF 중 제가 평소 선호하는 ETF 2개는 VIG와 SCHD입니다. 이 두 상품은 상장일, 자산 규모, 총보수, 투자 기업 등을 고려했을 때 NOBL보다 상대적으로 수익률이 좋습니다.

## VIG에서 주목할 만한 기업은?

먼저 VIG ETF를 자세히 살펴보면 연평균 6.4%의 배당성장을 하고 있는 유망한 종목입니다. 투자 섹터는 산업이 21.1%로 가장 비중이 크며 임의소비재가 15.4%로 뒤를 잇고 있습니다. 투자 기업을 보면 기술 기업 대표 마이크로소프트, 금융 기업 대표 JP모건 체이스, 헬스케어 기업 대표 존슨앤드존슨 등 각 산업의 대표 기업이 모두 포함돼 있습니다.

VIG ETF에 속한 247개 회사 중 주목할 만한 기업이 2개 있습니다. 먼저 마이크로소프트입니다. 마이크로소프트는 성장 기업인데 왜 배당성장으로 소개하는지 의아해하는 분도 있을지 모르겠습니다. 워드, 엑셀, 파워포인트와 같은 MS오피스 프로그램을 제공하는 회사로 유명한 마이크로소프트는 빅테크 기업으로 많은 투자자의 관심을 받고 있습니다. 이렇게 꾸준히 성장 중인 기업이다 보니 배당이란 단어와 어울리지 않는다고 생각할수도 있지만 마이크로소프트는 꽤 매력적인 배당성장 기업입니다.

그림26. 마이크로소프트의 여러 프로그램과 로고

사실 마이크로소프트는 애플보다 먼저 배당금을 계속 늘려온 배당 성장 기업으로 현재까지 20년 연속 배당금을 인상했습니다. 앞으로 5년 후면 배당 귀족주에 포함될 수 있을 만큼 오랜 기간 꾸준한 성장률을 보이고 있습니다. 현재 배당률은 1%가 채 되지 않지만 2010년도에 비하면 배당금이 377%나 증가했으며 그때 마이크로소프트에 투자했다면 2022년에는 10% 배당을 받을 수 있습니다. 그뿐만 아니라 마이크로소프트는 클라우드 산업에서도 큰 성장을 하며 성장과 배당 두 마리 토끼를 모두 잡고 있는 몇 안 되는 기업입니다.

마이크로소프트는 한 해도 빠짐없이 꾸준히 배당을 늘려온 기업이 미래가치를 높게 평가받는 이유를 보여주는 대표 사례입니다. 이런 종목에 오랫동안 투자하면 고배당 기업보다 더 큰 배당을 받게 되는 놀라운 경험을 할 수 있습니다.

VIG에서 두 번째로 주목할 만한 기업은 존슨앤드존슨입니다. 존슨앤드존슨 하면 흔히 로션을 떠올리는 사람이 많을 것입니다. 하지만

그림27. 존슨앤드존슨의 코로나19 백신과 로고

우리가 알고 있는 이런 제품에서 발생하는 수익은 전체 매출의 16% 밖에 되지 않습니다. 존슨앤드존슨의 주요 매출원은 제약으로 매출의 54%를 차지하고 있습니다.

존슨앤드존슨은 바이오헬스케어 분야의 대장 기업입니다. 특히 혈액암의 절대 강자로 불리는데 대표적인 제품으로는 임브루비카Imbruvica가 있습니다. 코로나19 백신 얀센과 더불어 우리에게도 익숙한 타이레놀과 구강청결제 리스테린도 존슨앤드존슨에서 만든 제품으로 그 외에도 우리가 인지하지 못한 채 사용하는 존슨앤드존슨 제품이 상당히 많습니다. 최근에는 수술용 로봇 분야로 사업을 확장하며 꾸준히 성장하고 있습니다.

존슨앤드존슨은 배당 왕족주로 유명한 기업입니다. 무려 59년째 배당을 늘려왔으며 안정적인 재무구조를 바탕으로 잉여현금을 충분히 확보하고 있습니다. 이에 더해 30년 가까이 무디스 신용평가 최고 등급인 트리플A를 유지하고 있는 세계적인 기업입니다.

# 또 다른 배당성장 ETF, SCHD

SCHD ETF는 VIG와 비슷하게 배당성장 기업에 투자하는 ETF입니다. 투자 섹터에서는 금융이 21.47%로 가장 높은 비중을 차지하고 있고 그다음으로는 정보기술 분야의 비중이 높습니다. SCHD ETF의 배당률이 높은 것도 상대적으로 배당률이 높은 금융주의 비중이 높기 때문입니다.

SCHD가 투자하는 기업에는 브로드컴, 화이자, 홈디포 같은 성장 기업도 투자 비중 상위 10위 안에 있습니다. 그중 화이자는 최근 코로나19 백신과 치료약 개발로 높은 매출을 기록하고 있으며 앞서 살펴본 홈디포 역시 좋은 실적을 보여주고 있는 기업입니다. 이렇게 배당 기업과 성장 기업에 동시에 투자하는 SCHD는 실적이 좋은 만큼 최근 10년간 연평균 11.7%의 배당성장을 하고 있습니다.

여기서 잠깐, SCHD ETF에서 투자 기업을 선정하는 기준을 짚고 넘어가겠습니다. SCHD ETF는 총 5단계를 거쳐 종목을 선정합니다.

1단계는 연속 배당입니다. 10년 이상 배당을 늘려온 기업을 추리는 것인데 여기서 리츠 기업은 제외합니다. 2단계는 배당수익률입니다. 1단계를 통과한 기업 중 수익률순으로 상위 50%에 해당하는 기업을 선별합니다. 3단계는 채무부담, 수익성Return On Equilty, ROE, 배당수익률, 배당성장률(5년)이라는 네 가지 조건의 점수를 측정합니다. 4단계

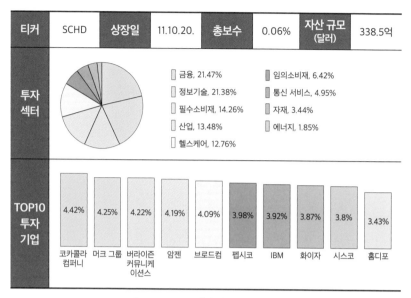

| 티커 | SCHD | 상장일 | 11.10.20. | 총보수 | 0.06% | 자산 규모 (달러) | 338.5억 |
|------|------|--------|-----------|--------|-------|------------------|---------|
| 투자 섹터 | 금융, 21.47%<br>정보기술, 21.38%<br>필수소비재, 14.26%<br>산업, 13.48%<br>헬스케어, 12.76% | | | 임의소비재, 6.42%<br>통신 서비스, 4.95%<br>자재, 3.44%<br>에너지, 1.85% | | | |
| TOP10 투자 기업 | 코카콜라 컴퍼니 4.42% | 머크 그룹 4.25% | 버라이즌 커뮤니케 이션스 4.22% | 암젠 4.19% | 브로드컴 4.09% | 펩시코 3.98% · IBM 3.92% · 화이자 3.87% · 시스코 3.8% · 홈디포 3.43% | |

표21. SCHD ETF 정리(기준일: 2022.2.17.)

에서는 3단계에서 측정한 점수에 동일 가중치를 25%씩 부여해 순위를 정리합니다. 마지막 5단계로 이렇게 정리된 순위에서 100위까지 선별합니다.

SCHD는 시가총액 가중치를 고려해 이 100위 기업의 투자 비중을 조절합니다. 이때 한 기업의 비중은 4%가 넘지 않게, 섹터별 비중은 25%가 넘지 않게 설정합니다. 이렇게 총 5단계 작업을 1년에 4번 진행하고 실적이 좋지 않거나 배당 컷이 있을 경우 리밸런싱을 통해 투자 기업을 바꿉니다. 과거 사례를 보면 AT&T라는 통신 기업은 원래 SCHD에 포함됐으나 5단계 조건에서 벗어나자 바로 제외됐고 실제

표22. SCHD ETF 투자 기업 선정 기준

로 그 후 주가 추이가 좋지 않았습니다. 이렇게 우리가 직접 이슈를 일일이 체크하지 않아도 운용사가 자체 선별 작업을 통해 기업을 고르고 투자하는 것은 ETF 투자의 장점이라고 할 수 있습니다.

## 월급 같은 월 배당 ETF

회사에 다니지 않아도 매달 월급처럼 돈이 들어오는 상상을 누구나 한 번쯤 해봤을 것입니다. 이런 즐거운 상상을 현실로 만들어줄 종목이 바로 월 배당 ETF입니다. 이제 대표적인 월 배당 ETF 세 가지를 소개하겠습니다. 자신의 투자 성향에 맞는 ETF가 무엇인지 생각하며 읽어보길 바랍니다.

첫 번째는 DIA ETF로 앞서 다우존스 지수를 추종하는 ETF로 소개하기도 한 종목입니다. 미국을 대표하는 기업 30개를 모아둔 종목이니 두말하면 입 아프죠. DIA에 대한 자세한 설명은 4장에 해뒀습니다.

두 번째는 SPHD ETF입니다. 월 배당이 높은 우량기업 52개를 모아서 만든 ETF로 종목명은 'Invesco S&P 500 High Div Low Volatility ETF'입니다. 인베스코에서 운용하는 상품으로 2022년 2월 기준 DIA의 배당률이 1%대라면 SPHD는 3%가 넘습니다. SPHD는 ETF치고는 투자하는 기업 수가 다소 적은 편이고 배당률이 매일 주가에 따라 변동되니 이 종목에 투자하고 싶다면 투자하려는 시기의 배당률을 꼭 확인하길 바랍니다.

세 번째는 DGRW ETF입니다. 위즈덤트리에서 운용하는 'WisdomTree US Quality Dividend Growth Fund'라는 상품으로 배당성장 기업 300개에 투자하는 종목입니다. 기술, 헬스케어, 산업 분야 비중이 높은 ETF입니다.

3개 ETF 모두 매력적이지만 월 배당률이 높으면서도 앞서 살펴본

| 종목 | DIA | SPHD | DGRW |
|---|---|---|---|
| 운용사 | 스테이트 스트리트 | 인베스코 | 위즈덤트리 |
| 상장일 | 1998.1.14. | 2012.10.18. | 2013.5.22. |
| 총보수 | 0.16% | 0.3% | 0.28% |
| 자산 규모 (달러) | 292억 | 31.8억 | 69.3억 |
| 특징 | 다우존스 | 고배당 | 배당성장 |
| 배당률 | 1.68% | 3.46% | 1.85% |

표23. DIA, SPHD, DGRW ETF 비교(기준일: 2022.2.17.)

ETF를 선택하는 다섯 가지 기준을 충족하는지 살펴보면 SPHD ETF 가 가장 적합한 투자 종목입니다.

　SPHD ETF는 투자 섹터에서 필수소비재와 유틸리티 비중이 가장 높으며 2개 섹터의 합이 거의 40%를 차지하고 있습니다. 이 두 분야에 속하는 기업은 생필품부터 전기, 가스, 수도까지 우리 일상생활에 밀접하게 연관된 상품을 생산합니다. 구체적으로 대표적인 미국 석유화학 기업인 셰브론, 통신 회사 AT&T가 있죠. 이 기업들은 안정적인 수익구조를 바탕으로 주주에게 배당을 많이 환원한다는 특징이 있습니다. 그리고 그런 기업에 투자하는 ETF인 만큼 SPHD 역시 월 배당을 지급

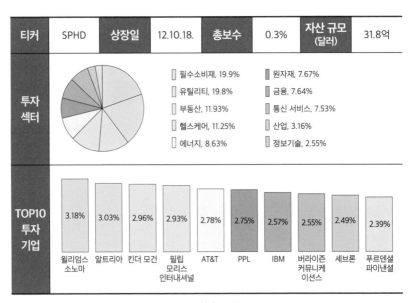

| 티커 | SPHD | 상장일 | 12.10.18. | 총보수 | 0.3% | 자산 규모 (달러) | 31.8억 |
|---|---|---|---|---|---|---|---|

투자 섹터
- 필수소비재, 19.9%
- 유틸리티, 19.8%
- 부동산, 11.93%
- 헬스케어, 11.25%
- 에너지, 8.63%
- 원자재, 7.67%
- 금융, 7.64%
- 통신 서비스, 7.53%
- 산업, 3.16%
- 정보기술, 2.55%

TOP10 투자 기업
- 윌리엄스 소노마: 3.18%
- 알트리아: 3.03%
- 킨더 모건: 2.96%
- 필립 모리스 인터내셔널: 2.93%
- AT&T: 2.78%
- PPL: 2.75%
- IBM: 2.57%
- 버라이즌 커뮤니케이션스: 2.55%
- 셰브론: 2.49%
- 푸르덴셜 파이낸셜: 2.39%

표24. SPHD ETF 정리(기준일: 2022.2.17.)

하며 배당률도 높은 편입니다.

　SPHD는 성장 기업을 좋아하는 투자자에게는 맞지 않는 투자 상품 일 수 있습니다. 하지만 은퇴를 해서 당장 배당수익으로 생활해야 하 는 사람에게는 아주 매력적인 ETF입니다. 지금 당장 배당은 필요 없고 노후를 대비하고 싶다면 월 배당 ETF는 적합한 투자 대상이 아닙니다. 다시 한 번 강조하지만 본격적으로 투자하기에 앞서 각자 상황과 투자 성향에 맞게 종목을 선택하는 것이 가장 중요합니다.

　SPHD ETF에 포함된 52개 회사 중 주목할 만한 기업 1개를 소개하 겠습니다. 바로 아이언 마운틴입니다. 아이언 마운틴은 1851년에 설립 된 세계 1위 문서 데이터 위탁관리 회사입니다. 초기에는 창고 대여와 물건 관리 등 창고 임대 리츠로 시작했지만 IT 기술이 점점 발전하면 서 단순한 현물을 넘어 데이터와 정보 자산 보관, 관리, 폐기까지 사업 을 확장했습니다. 그리고 현재는 기록 관리, 데이터 관리 솔루션 및 정 보 폐기 서비스를 제공하는 기업으로 거듭났습니다.

그림28. 아이언 마운틴의 데이터 운반 트럭과 로고

아이언 마운틴은 5개 대륙 50개 이상의 국가에서 23만 개에 달하는 고객사에 서비스를 제공하고 있습니다. 포춘 1000대 기업의 95% 이상을 포함해 모든 주요 산업의 규모 있는 기업들이 아이언 마운틴을 통해 정보를 관리하고 있죠. 대부분의 고객사들이 장기 계약을 맺고 있는데요, 방대하고 중요한 데이터를 관리하기가 힘들 뿐만 아니라 이사 비용과 보안 문제로 계약을 변경하기가 까다롭기 때문입니다. 이로 인해 아이언 마운틴은 주가가 꾸준히 상승하고 있으며 고배당을 유지하고 있습니다.

## 세계 곳곳 글로벌 배당 ETF

미국 주식시장의 규모는 세계 1위니 본격적으로 주식투자를 하고 싶다면 미국 주식을 1순위로 선택하는 것이 당연합니다. 그런데 이때 미국에만 투자하기에는 뭔가 부족하다는 생각이 들 수 있습니다. '미국이 망하면 어떡하지?' 같은 의심 혹은 '더 크게 발전할 국가는 없을까?' 같은 궁금증이 드는 것이죠. 이런 질문은 우리를 더 넓은 투자의 세계로 이끌어줍니다.

일본, 영국, 홍콩, 캐나다 등 다른 여러 국가에도 투자할 만한 좋은 기업이 많습니다. 하지만 문제는 우리가 모르는 기업도 너무 많다는 것입니다. 이럴 때는 수익을 배분해주는 배당주 위주로 투자하는 것이 상대적으로 안전합니다.

리스크가 작다는 점 때문에 최근 투자자들의 글로벌 투자에 대한 선호도가 증가하고 있습니다. 여러 선진국과 신흥국에 투자하는 사람 역시 점점 늘고 있는 추세죠. 특히 이미 미국에 투자하고 있는 투자자들 중에는 분산투자 효과를 노리고 미국을 제외한 글로벌 투자 상품을 찾는 경우가 많습니다. 이런 마음을 헤아려주는 대표적인 글로벌 고배당 ETF 종목이 세 가지 있습니다. 바로 VEA, VXUS, IDV입니다.

상장일, 총보수, 자산 규모, 투자 섹터, 투자 기업으로 따지면 세 가지 종목 중 VEA ETF가 가장 매력적입니다. 특히 자산 규모 면에서 보면 VXUS와 IDV의 합보다 VEA의 규모가 더 큰 것을 알 수 있습니다. 그만큼 VEA는 투자자들의 선호도가 높은 ETF며 총보수도 0.05%로 장기 투자에 적합한 종목입니다.

| 종목 | VEA | VXUS | IDV |
|---|---|---|---|
| 운용사 | 뱅가드 | 뱅가드 | 블랙록 |
| 상장일 | 2007.7.20. | 2011.1.26. | 2007.6.11. |
| 총보수 | 0.05% | 0.08% | 0.49% |
| 자산 규모 (달러) | 1074억 | 529.9억 | 48억 |
| 주요 국가 | 일본(20%), 영국(13%) | 일본(15%), 영국(10%) | 영국(23%), 캐나다(11%) |
| 배당률 | 3.25% | 3.3% | 5.45% |

표25. VEA, VXUS, IDV 비교(기준일: 2022.2.17.)

그럼 VEA ETF를 좀 더 자세히 살펴보겠습니다. VEA는 뱅가드에서 운용하는 상품으로 'Vanguard Developed Markets Index Fund ETF'라는 이름의 글로벌 고배당 ETF입니다. 투자 섹터는 금융, 산업, 임의소비재, 기술, 헬스케어 등 경기에 민감한 분야가 많으며 투자 대상 국가는 일본, 영국, 캐나다 등으로 다양합니다.

VEA ETF는 무려 4033개 기업에 투자하고 있습니다. 앞에서 소개한 ETF들과 종목 수에서 차원이 다르다고 할 수 있죠. 글로벌 시장에 투자하는 것이 미국 주식시장 하나에 투자하는 것보다 위험하다고 생각할 수 있지만 VEA는 4000개가 넘는 기업에 분산투자를 함으로써 안정적인 수익을 유지하고 있습니다.

그런데 VEA의 투자 기업 수가 너무 많다 보니 주가 변동이 적고 수익성이 낮을 것 같다고 생각해 IDV ETF를 선택하는 경우가 종종 있습니다. IDV는 블랙록의 'iShares International Select Dividend ETF'라는 상품으로 100개 글로벌 고배당 기업에 집중해 투자하는 종목입니다. VEA보다 주가 변동 폭이 크고 배당이 높죠.

하지만 고배당 상품을 선택할 때는 조심해야 합니다. 배당이 높다고 무조건 좋은 것은 아니기 때문입니다. 원금을 까먹지 않고 주가가 꾸준히 상승하는지 꼭 확인해야 합니다. VEA, VXUS, IDV 3개 ETF를 비교해보면 IDV ETF가 다른 ETF에 비해 배당률이 거의 2배에 달해 좋아 보일 수 있지만 2020년 3월 전 세계적으로 코로나19가 절정이었을 때 IDV ETF의 하락 폭이 가장 컸고 이후 회복 속도도 더뎠습니다. VEA, VXUS ETF는 IDV보다 배당률이 2% 정도 낮아도 주가는 그 이상으로 상승하며 안정적인 양상을 띠고 있습니다. 그래서 저는 IDV ETF보다 VEA ETF를 더 선호합니다.

VEA의 투자 비중 상위 10개 기업을 살펴볼까요? 미국 달러를 제외한 대부분의 비중이 1% 내외로 그리 높지 않은 것을 알 수 있습니다. 1위는 스위스 식품 회사인 네슬레로 우리에게는 우유에 타 먹는 코코아로 잘 알려진 기업입니다. 2위는 자랑스러운 우리나라 기업 삼성전자, 3위는 반도체 EUV(극자외선 기술) 장비업체인 ASML 홀딩입니다. 글로벌 투자 대상으로 당당히 이름을 올린 삼성전자를 보면 대한민국

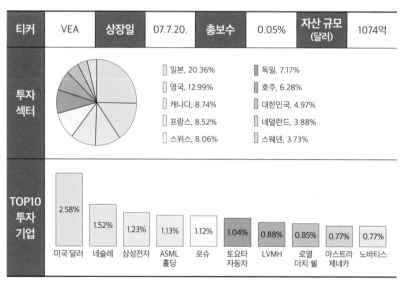

표24. VEA ETF 정리(기준일: 2022.2.17.)

국민으로서 매우 뿌듯합니다. 그 밖에도 전체 기업 목록을 보면 로슈, 토요타 자동차, 노바티스, 쇼피파이 등 쟁쟁한 기업들이 대거 포진돼 있습니다.

## VEA에서 주목할 만한 기업은?

VEA ETF에서 주목할 만한 기업 2개를 소개하겠습니다. 첫 번째는 ASML 홀딩입니다. ASML 홀딩은 네덜란드의 반도체 관련 기업으로 제가 유튜브에서도 자주 언급하는 회사입니다. 보통 반도체 관련 기업이라고 하면 설계와 제조 기업인 삼성전자, TSMC, 엔비디아, 인텔 등을 떠올립니다. 그런데 이런 반도체 기업의 '슈퍼 을'이라고 할 수 있는 기업이 있습니다. 바로 반도체 장비 기업입니다. 대표적으로 EUV, 증착, 식각 장비 기업이 있으며 그중에서도 ASML 홀딩은 EUV 장비 분야에서 점유율 85%를 차지할 정도로 독점력이 강한 기업입니다. 이 외에도 다른 식각 장비에서는 램리서치가 52%로 가장 높은 점유율을 차지하고 있습니다.

삼성전자, TSMC가 반도체 공장을 확장하거나 투자금을 늘린다는 기사가 나오면 ASML 홀딩이 돈을 법니다. 삼성전자가 반도체 공장을 신설한다는 것은 ASML 홀딩의 EUV 장비를 들여놓겠다는 뜻이기 때

그림29. ASML 홀딩 본사와 로고

문입니다. 이미 ASML 홀딩에는 몇 년 치 주문이 줄 서 있는데 삼성전자와 TSMC가 서로 먼저 장비를 달라고 요청할 정도입니다. ASML 홀딩은 1년에 만들 수 있는 장비 수를 늘리기 위해 노력하고 있습니다.

기업의 가치를 판단할 때는 그 기업이 속한 산업의 미래 전망이 좋은가뿐만 아니라 해당 기업이 그 분야를 얼마나 점유하고 있는지도 주의 깊게 봐야 합니다. 물론 점유율이 높은 기업은 모두가 알기 때문에 주가에도 프리미엄이 붙어 있습니다. 이런 기업에 투자할 때는 그 기업이 꾸준히 좋은 평가를 받고 현재의 점유율을 유지하면서 경제적 해자 기업으로 살아남고 있는지 모니터링해야 합니다.

두 번째 기업은 쇼피파이입니다. 쇼피파이는 캐나다 시가총액 1위의, 클라우드를 기반으로 하는 다국적 이커머스 기업입니다.

쇼피파이의 운명은 앞으로 이커머스 시장에 얼마나 확장성이 있느냐에 좌우될 것입니다. 그리고 다행히 그 미래는 밝아 보입니다. 우리가 사용하는 소매품의 전자상거래 판매 비율은 12%밖에 되지 않습니

그림30. 쇼피파이 본사와 로고

다. 온라인 시장으로 넘어올 상품들이 아직도 많다는 이야기죠. 이제 자동차도 온라인으로 구매하는 시대가 됐으니 쇼피파이의 성장 가능성은 충분하다고 볼 수 있습니다.

이커머스 기업의 성장 방식은 클라우드 기업과 비슷합니다. 클라우드 기업 3대장인 아마존, 구글, 마이크로소프트는 높은 점유율을 기반으로 산업 규모 전반의 성장에 비례해 매출을 늘려왔습니다. 즉, 이제 시작 단계에 있는 산업은 시장 자체가 성장하기 때문에 점유율을 유지하기만 해도 매출이 증가합니다. 이커머스 시장은 꾸준히 성장하고 있으니 쇼피파이가 점유율을 유지하거나 늘려가기만 해도 살아남을 수 있습니다.

이커머스 하면 떠오르는 독보적인 기업이 있습니다. 바로 아마존입니다. 쇼피파이는 아마존보다 규모가 크지는 않지만 2020년 동종업계 2위인 이베이를 추월했습니다. 쇼피파이가 살아남으려면 아마존과의 차별성이 있어야 할 텐데요, 아마존과 쇼피파이는 어떻게 다를까요?

 **VS**

뷰티, 패션, 식품, 가구,　　　　　생필품, 브랜드 상품,
반려동물, 침구류 등　　　　　　　전자기기 등

취향 중심　　　　　　　　　　　　가격 중심

표27. 쇼피파이와 아마존의 차이점

먼저 상품을 비교해보면 아마존의 주력 상품은 생필품, 브랜드 상품, 전자기기 등이고 쇼피파이는 뷰티, 패션, 식품, 가구, 반려동물, 침구류 등입니다. 즉, 쇼피파이는 취향 중심의 상품을, 아마존은 가격 중심의 상품을 판매하고 있습니다. 또한 쇼피파이는 구매자보다는 판매자에게 포커스를 맞추고 있어 결제, 대출, 매출 분석, 마케팅, 재고관리, 주문 통합 서비스까지 지원합니다. 이런 차별점은 쇼피파이만의 경쟁력입니다.

**정리하기** **배당 ETF의 종류**

1. VNQ: 부동산 리츠 기업 및 건설 관련 기업 대상 고배당 상품.
2. VIG: 배당성장 ETF. 10년 이상 배당을 늘려온 249개 기업에 투자.
3. SCHD: 배당성장 ETF. 10년 이상 배당을 늘려온 기업 중 채무부담과 수익성을 고려해 선발한 100개 기업에 투자.
4. SPHD: 월 배당이 높은 우량기업 52개에 투자. 은퇴자에게 적합.
5. VEA : 글로벌 고배당 ETF. 전 세계 4000개 이상의 기업에 투자.

### 6장

# 투자가 두려운 사람들을 위한 채권과 금 ETF

## 예금과 ETF, 무엇이 더 좋을까?

요즘 주변에서 주식투자로 큰돈을 벌었다는 소식을 한 번쯤 들어본 적이 있을 것입니다. 그런 소리를 들으면 '나도 투자 한번 해볼까?' 하고 솔깃해지다가도 손해를 볼까 봐 걱정돼 주저하기도 합니다.

저금리 시대를 겪으며 재테크는 필수라는 개념이 보편화됐지만 아직도 예금과 적금에 목돈을 넣어두고 고민하는 사람들이 많습니다. 지금은 아무리 수익이 좋더라도 언제든 마이너스가 될 수 있다고 생각해 주식이나 ETF 투자에 선뜻 손이 가지 않는 것입니다. 이익을 적게 보더라도 원금을 잃지 않고 자산을 안전하게 지키는 것을 선호하는 투자 성향을 가지고 있다면 예금과 적금이 당연한 선택입니다. 이런 성향의 사람들이 덜컥 주식을 매수하면 시도 때도 없이 주식 차트만 들여다보며 밤잠을 이루지 못하고 마음고생을 하게 됩니다.

하지만 이런 사람이라도 꼭 기억해야 할 것이 있습니다. 은행 이자는 이제 올라가는 물가를 감당하지 못합니다. 목돈을 계좌에 묻어두고 가만히 있는 것은 조금씩 돈을 잃고 있는 것과 다름없습니다. 그럼 어떻게 해야 할까요? 손해가 날 가능성을 감당하기 싫고 안전하게 투자하고 싶은 사람들에게 적합한 상품이 있습니다. 바로 채권 ETF입니다.

채권이란 국가, 금융기관, 기업 등이 자금을 빌린 후 기한 안에 돌려주겠다고 발행하는 증서를 뜻합니다. 국가에서 발행한 채권은 국채, 금융기관에서 발행한 채권은 금융채, 기업에서 발행한 채권은 회사채라고 하죠.

보통 채권은 주식에 비해 개인이 투자하기 어렵다고 생각하는 경우가 많습니다. 하지만 채권도 주식처럼 쉽게 사고파는 방법이 있습니다. 바로 채권 관련 ETF 종목에 투자하는 것입니다. 채권은 개인보다 믿을 만한 기관에 투자하는 것이기 때문에 안정적이어서 투자 시장이 불안정할 때 관심을 받습니다. ETF는 분산투자 효과까지 누릴 수 있으니 더욱 주목할 만한 투자 상품이죠.

# 국채 ETF 세 가지

위험을 더욱 최소화하기 위해 채권 중에서도 회사채가 아닌 국채 관련 ETF 세 가지를 소개하겠습니다. 첫 번째는 SHY ETF입니다. SHY의 종목명은 'iShares 1-3 Year Treasury Bond ETF'로 블랙록이 운용하는 단기 채권 투자 상품입니다. 1~3년 단기 채권에 투자하며 총보수는 0.15%입니다.

두 번째는 IEF ETF입니다. IEF의 종목명은 'iShares 7-10 Year Treasury Bond ETF'로 역시 블랙록에서 운용하는 중기 채권 ETF입니다. 7~10년 중기 국채에 투자하는 상품으로 배당률이 1.2%고 주가 상승도 노려볼 수 있습니다.

세 번째는 TLT ETF입니다. TLT의 종목명은 'iShares 20+ Year Treasury Bond ETF'로 블랙록에서 운용하는 장기 채권 ETF입니다. TLT는 20년 이상 국채에 투자하는 상품으로 배당률은 1.9%입니다. 단기에서 장기로 갈수록 배당률이 높아지는 이유는 그만큼 수익률 변동이 심하기 때문입니다. 리스크가 커지는 만큼 배당률도 올라가는 것입니다.

장기 채권 상품의 배당률이 단기 채권 상품보다 더 높은 이유를 쉽게 설명해보겠습니다. A라는 친구에게 1년 동안 100만 원을 빌려줄 때와 B라는 친구에게 10년 동안 100만 원을 빌려줄 때, 누구에게 더 높은 이자를 받아야 할까요? 1년을 빌린 A는 돈을 갚을 확률이 높습니다. 그동안 큰일이 생기지만 않는다면 무사히 돈을 받을 수 있기 때문에 이자를 많이 받기 미안해집니다. 하지만 B는 어떨까요? B가 돈을 빌린 10년 사이에 경제 위기가 올 수도 있고 B에게 무슨 일이 생길지 모릅니다. 그러니 이자를 좀 더 받고 싶지 않을까요? 그래서 단기 채권은 배당률이 낮고 장기 채권은 높은 것입니다.

예금과 적금으로 재테크를 하다가 처음 채권에 투자하는 투자자에게는 중기 채권을 가장 추천합니다. 한편 투자 포트폴리오에 다양한 자산을 분배하고 싶은 투자자라면 단기 혹은 중기 상품이 좋습니다. 자신의 포트폴리오에 혁신과 성장 종목이 이미 포함돼 있다면 굳이 채권에서 변동성을 더 늘릴 필요는 없으니 달러 자산을 갖고 있겠다는 목적과 안정성에 중심을 두는 것이 좋습니다.

| 종목 | SHY | IEF | TLT |
|---|---|---|---|
| 운용사 | 블랙록 | | |
| 상장일 | 2002.7.22. | | |
| 총보수 | 0.15% | | |
| 자산 규모 (달러) | 212.3억 | 161.6억 | 150.4억 |
| 특징 | 단기(1~3년) | 중기(7~10년) | 장기(20년 이상) |
| 배당률 | 0.26% | 0.8% | 1.76% |

표28. SHY, IEF, TLT 비교(기준일: 2022.2.17.)

# 금/은 ETF 투자

주식투자를 하다가 크게 손해를 본 사람들은 다음의 세 가지 선택지 중 하나를 택합니다. 첫째, 다시는 주식을 하지 않겠다고 다짐하는 것입니다. 다행히 부동산으로 가서 본인의 투자 스타일을 찾으면 해피엔딩이지만 그러지 못하면 더는 투자로 돈을 벌기가 어려워집니다.

둘째, 잃은 돈을 빨리 만회하기 위해 도박과 같은 주식에 크게 베팅하는 것입니다. 이 선택의 결말은 누구나 예상 가능합니다. 대부분 좋지 않죠. 하지만 그렇다는 것을 알면서도 당사자가 되면 빠져나오기가 쉽지 않습니다. 이럴 때는 차라리 잠깐 투자를 멈추고 심신을 돌보는 것이 더 현명한 선택일 수 있습니다.

마지막 셋째, 투자금을 잃은 경험을 바탕으로 더욱 단단한 투자 포트폴리오를 만드는 것입니다. 이 방법은 버핏, 레이 달리오Ray Dalio, 피터 린치Peter Lynch 등 투자의 대가들이 선택한 방법이기도 합니다.

세 가지 선택지 중 무엇이 올바른 길이고 어떻게 해야 수익을 낼 수 있는지는 대부분 잘 알고 있습니다. 하지만 세 번째를 선택해도 손실을 빨리 메꿔지지 않아 불안해하거나 자산이 빠르게 늘지 않는 것 같아 답답해하는 경우가 많습니다.

그중에서도 가장 손이 가지 않는 투자 방법이 바로 원자재 투자, 즉 금과 은 같은 상품에 투자하는 것입니다. 하지만 '인내는 쓰고 열매는

달다'는 말이 있듯이 지루함을 견뎌낸 투자자만이 결국 달콤한 열매를 맛볼 수 있습니다.

금은 안전자산이라 경제 위기가 오면 가격이 급등합니다. 이런 자산을 소유하고 있으면 주식투자로 입은 손실을 보완할 수 있을 뿐만 아니라 이를 이용해 저가에 좋은 종목을 매수할 수도 있습니다. 하지만 경제 위기가 매년 찾아오는 것은 아니죠? 10년에 한 번 올까 말까입니다. 대체자산에 투자한다는 것은 곧 지루함과의 싸움이며 이 싸움을 이겨낸 사람만이 전리품을 톡톡히 챙길 수 있습니다.

보수적인 투자자라면 꼭 가져가야 할 금과 은 ETF를 소개해드리겠습니다. 먼저 금은 두 종목이 있는데요, GLD와 IAU입니다. 둘 다 금을 추종하기 때문에 자산 규모는 크게 신경 쓰지 않아도 됩니다. 굳이 하나를 고르라면 저는 총보수가 저렴한 IAU를 선택하겠습니다.

은 ETF로는 SLV가 있습니다. 은은 금보다는 실제 사용성이 있기 때

| 종목 | GLD | IAU | SLV |
|---|---|---|---|
| 운용사 | 스테이트 스트리트 | 블랙록 | 블랙록 |
| 상장일 | 2004.11.18 | 2005.1.21. | 2006.4.21. |
| 총보수 | 0.4% | 0.25% | 0.5% |
| 자산 규모 (달러) | 611.6억 | 297.4억 | 129.7억 |
| 특징 | 금 투자 | | 은 투자 |

표29. GLD, IAU, SLV 비교(기준일: 2022.2.17.)

문에 원자재 성격을 좀 더 띠고 있으며 변동 폭도 약간 더 큰 편입니다. 포트폴리오의 5% 정도로 이런 ETF를 갖고 있으면 다양한 자산에 분산투자하는 효과를 누릴 수 있으니 투자에 참고하길 바랍니다.

**정리하기** **채권과 금/은 ETF의 종류**

1. 채권 ETF: 수익이 적지만 원금을 지킬 수 있는 안전한 상품. 국채의 경우 SHY(단기 채권), IEF(중기 채권), TLT(장기 채권) 등이 있다.
2. 금/은 ETF: 경제 위기에 대비해 포트폴리오의 5% 이하 비중으로 보유. 금(GLD, IAU) 또는 은(SLV)에 투자하는 상품이 있다.

# $ 7장 $

# 내 입맛에 맞는 테마별 ETF 투자

## 투자의 재미를 느끼려면

여러 글로벌 기업에 관해 공부하고 경제 동향과 트렌드를 분석하면 할수록 투자할 곳은 많은데 돈이 부족하다는 생각이 듭니다. 평범한 투자자라면 다양하게 투자하고 싶어도 자금에 한계가 있기 때문에 투자를 아쉽게 포기하는 기업이 생길 수밖에 없습니다. 그러다 나중에 가서 '역시 이쪽 분야가 사업 전망이 좋았고 이게 메가트렌드였어' 하고 땅을 치며 후회한 경험도 한 번씩은 있을 것입니다. 그런데 ETF에 투자하면 이런 상황을 최소화할 수 있습니다.

그럼 어떤 ETF에 투자하는 게 좋을까요? 증시를 추종하는 ETF에 투자하면 주식시장 전반에 투자할 수 있어 안정적이지만 관심 있는 분야를 골라 투자할 수 없기 때문에 투자가 조금 지루하게 느껴질 수 있습니다. 이럴 때는 내 입맛에 맞게 테마, 섹터를 구분해 한 분야에 특화된 ETF에 투자하면 좋습니다. 지금부터 이와 관련해 중·장기 투자 관점에서 10년 이상 가져가면 좋을 여섯 가지 산업을 추천해보겠습니다.

## 제조 산업의 끝판왕, 반도체

우리가 사용하는 전자 제품 대부분에는 반도체가 들어갑니다. 그 존재를 인식하지 못하고 있지만 언제 어디서나 반도체를 소비하고 있죠. 앞으로 4차산업혁명이 가속화하고 과학기술이 발전할수록 반도체의 필요성은 더욱 커질 것입니다. 따라서 관련 기업들의 전망 역시 밝다고 볼 수 있겠죠.

현재 내연기관을 기반으로 하는 자동차 1대에는 차량용 반도체가 평균 200~300개 정도 들어갑니다. 이것도 많다고 생각할 수 있지만 자율주행을 기반으로 하는 전기차에는 반도체가 2000개 이상 필요합니다. 차량용 반도체 시장의 성장은 전기차 보급률이 높아질수록 필연적으로 따라오게 돼 있습니다.

자동차뿐만 아니라 메타버스, 하드웨어, 스마트 가전, AI 스피커, 스마트폰 등 다양한 산업에서 반도체 수요가 증가하고 있습니다. 세계 반도체 시장 매출액을 보면 2020년에는 4404억 달러, 2021년에는 5272억 달러로 19.7% 성장했으며 2022년에는 5734억 달러를 기록할 것이라 전망하고 있습니다. 한화로는 수백조 원 규모입니다. 이렇게 유망한 시장이니 투자자로서 관심을 가져야 하는 것은 당연하겠죠.

엔비디아, 퀄컴, 브로드컴, 인텔, TSMC, 삼성전자 등 글로벌 반도체 기업은 다양합니다. 물론 반도체 종류별로 기업의 점유율을 확인하고 수익이 좋은지, 연구 개발은 꾸준히 하고 있는지 등을 비교, 분석한 다음 투자를 하는 것도 좋습니다. 하지만 반도체 산업 자체의 전망이 좋을 것 같아 그 분야에 투자하고 싶다면 ETF 종목을 매수함으로써 좋은 결과를 거둘 수 있습니다.

반도체와 관련된 대표적인 ETF는 3개가 있습니다. SOXX, SMH,

| 종목 | SOXX | SMH | XSD |
| --- | --- | --- | --- |
| 운용사 | 블랙록 | 반에크 | 스테이트 스트리트 |
| 상장일 | 2001.7.10. | 2000.5.5. | 2006.1.31. |
| 총보수 | 0.43% | 0.35% | 0.35% |
| 자산 규모 (달러) | 85.3억 | 86.4억 | 12.6억 |
| 투자 기업 수 | 32 | 25 | 41 |

표30. SOXX, SMH, XSD 비교(기준일: 2022.2.17.)

XSD ETF가 그것입니다.

이 상품들은 테마형 ETF다 보니 투자 기업 수가 많지 많습니다. 또한 대부분이 반도체와 반도체 장비 기업으로 구성돼 있습니다. 당연히 서로 중복되는 회사도 있는데요, 2022년 2월 기준 세 ETF 모두 투자하고 있는 기업의 수는 16개로 절반 정도가 겹치는 셈입니다. 따라서 세 ETF에 모두 투자하는 것보다는 그중 내가 투자하고 싶은 기업이 많이 포함된 ETF를 선택하는 것이 낫습니다.

반도체 분야에 관심이 있어서 특정 기업에 직접투자를 하고 싶은 사람은 3개 ETF가 모두 투자하는 기업을 선택하는 것이 좋습니다. 3개 운용사 모두가 선택한 기업이라는 것은 그만큼 그 분야에서 인정을 받은 기업이라는 뜻입니다. 대표적인 기업으로는 엔비디아, 브로드컴, 인텔, 퀄컴이 있습니다. 자세한 기업 목록은 [표31]을 참고하길 바랍니다.

| 순번 | 기업명 | 순번 | 기업명 |
|---|---|---|---|
| 1 | 엔비디아 | 9 | 아날로그 디바이스 |
| 2 | 브로드컴 | 10 | 마이크로칩 테크놀로지 |
| 3 | 인텔 | 11 | NXP 반도체 |
| 4 | 퀄컴 | 12 | 마이크론 테크놀로지 |
| 5 | 텍사스 인스트루먼트 | 13 | 스카이웍스 솔루션 |
| 6 | 어드밴스드 마이크로 디바이시스 | 14 | ON 반도체 |
| 7 | 마벨 테크놀로지 그룹 | 15 | 코보 |
| 8 | 자일링스 | 16 | 유니버셜 디스플레이 |

표31. 반도체 3개 ETF 중복 기업 리스트(기준일: 2022.2.17.)

# 반도체에서 주목할 만한 ETF는?

반도체 분야를 다루는 세 ETF 중 대표적인 상품은 SOXX입니다. SOXX ETF는 블랙록이 운용하는 'iShares Semiconductor ETF'라는 종목으로 동종 분야의 ETF 중 자산 규모가 가장 큽니다. SOXX의 투자 섹터는 2022년 2월 기준 반도체(80.52%), 반도체 장비(19.32%)로 구성돼 있습니다.

테마 ETF를 선택할 때는 내가 분석한 기업, 투자하고 싶은 기업이 그 ETF에서 어느 정도 비중을 차지하고 있는지 살펴봐야 합니다. 저는 반도체 분야에서 확장성이 높은 엔비디아와 5G 통신의 핵심 기업

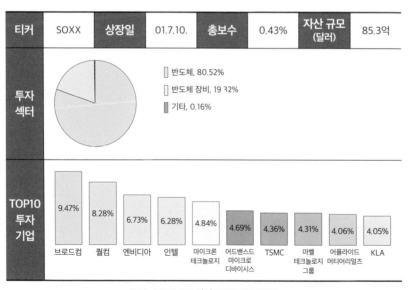

| 티커 | SOXX | 상장일 | 01.7.10. | 총보수 | 0.43% | 자산 규모 (달러) | 85.3억 |
|------|------|--------|----------|--------|-------|------------------|--------|

투자 섹터
- 반도체, 80.52%
- 반도체 장비, 19.32%
- 기타, 0.16%

TOP10 투자 기업

| 브로드컴 | 퀄컴 | 엔비디아 | 인텔 | 마이크론 테크놀로지 | 어드밴스드 마이크로 디바이시스 | TSMC | 마벨 테크놀로지 그룹 | 어플라이드 머티어리얼즈 | KLA |
|----------|------|----------|------|---------------------|--------------------------------|------|----------------------|-------------------------|-----|
| 9.47% | 8.28% | 6.73% | 6.28% | 4.84% | 4.69% | 4.36% | 4.31% | 4.06% | 4.05% |

표32. SOXX ETF 정리(기준일: 2022.2.17)

인 브로드컴을 긍정적으로 평가하고 있습니다. 특히 엔비디아의 반도체 사업은 게임, 클라우드, 메타버스, 자율주행 등 다양한 분야로 확장되고 있기 때문에 미래가치가 더욱 높습니다. SOXX는 엔비디아의 투자 비중을 전체 순위 3위인 6.73%로 매우 높게 두고 있습니다. 브로드컴 투자 비중은 1위로 9.47%입니다.

다른 ETF가 엔비디아와 브로드컴에 투자하는 비중을 보면 SOXX보다 상대적으로 높지 않습니다. 이런 식으로 스스로 매력을 느끼는 기업이 있다면 그 기업에 대한 ETF의 투자 비중을 고려해 종목을 선택하는 것도 괜찮은 방법입니다. 단순히 가장 유명한 종목에 투자하기보다 여러 가지 요소를 잘 살펴보고 내게 맞는 상품을 찾아 투자하길 바랍니다.


## 데이터의 땅, 클라우드


과거에는 사람들이 서로 안부를 전하기 위해 편지를 주고받았습니다. 글을 적을 공간이 한정돼 있어 많은 내용을 전할 수 없었죠. 하지만 요즘은 개인용컴퓨터와 스마트폰으로 간편하게 안부를 물을 수 있습니다. 장문의 편지는 물론 사진, 동영상까지 함께 보낼 수도 있죠. 이렇게 기술이 점점 발전함에 따라 우리가 사용하는 데이터양도 증가해왔습니다.

얼마 전까지만 해도 음악을 들으려면 MP3 파일을 다운로드받아야 했습니다. 하지만 이제는 스트리밍 서비스를 통해 실시간으로 듣고 싶은 음악을 감상하고 보고 싶은 영화를 볼 수 있습니다. 사용자가 아니라 클라우드가 데이터를 보관하게 된 것입니다. 우리가 먹고 즐기고 검색하고 쇼핑하는 모든 순간에 데이터가 쌓이며 이는 고스란히 클라우드에 저장됩니다. 이 데이터를 활용해 이커머스 기업은 소비자의 행동 패턴을 연구하고 헬스케어 기업은 고객의 건강 상태를 실시간으로 모니터링합니다.

앞으로 메타버스 시대가 오면 가상 세계에 머무는 시간이 더욱 늘어날 것입니다. 이로 인해 발생하는 개인정보와 각종 데이터도 기하급수로 증가할 것입니다. 따라서 자연스럽게 클라우드 산업도 더욱 활발해지겠죠. 이 시장을 잘 눈여겨보면서 투자 기회를 잡는 것이 우리가 할 일입니다.

| 종목 | SKYY | CLOU | WCLD |
|---|---|---|---|
| 운용사 | 퍼스트 트러스트 | 글로벌 X | 위즈덤트리 |
| 상장일 | 2011.7.5. | 2019.4.12. | 2019.9.6. |
| 총보수 | 0.6% | 0.68% | 0.45% |
| 자산 규모 (달러) | 54.6억 | 900만 | 800만 |
| 투자 기업 수 | 68 | 36 | 59 |

표33. SKYY, CLOU, WCLD 비교(기준일: 2022.2.17.)

클라우드 산업에 투자하는 ETF로는 SKYY, CLOU, WCLD가 있습니다. 그중 상장일, 총보수, 자산 규모, 투자 섹터, 투자 기업이라는 다섯 가지 측면에서 보면 SKYY ETF가 가장 매력적인 투자 상품입니다. 총보수가 0.6%로 앞서 소개한 지수 추종 ETF에 비해 다소 높은 편이지만 대신 더 큰 수익을 기대할 수 있습니다. 투자 기업 수도 68개로 CLOU보다 2배 가까이 많을 정도로 클라우드와 관련된 다양한 기업에 투자하고 있습니다.

## 클라우드에서 주목할 만한 ETF는?

그럼 SKYY ETF를 좀 더 자세히 살펴보겠습니다. SKYY의 종목명은 'First Trust Cloud Computing ETF'로 퍼스트 트러스트에서 운용하는 클라우드 관련 ETF입니다.

2022년 2월 기준 SKYY의 투자 기업을 살펴보면 클라우드 분야 점유율 1~3위를 차지하고 있는 아마존(3.51%), 마이크로소프트(3.58%), 구글(3.79%)이 모두 포함돼 있음을 알 수 있습니다. 최근 3사의 실적 발표를 보면 클라우드 관련 매출과 이익이 눈에 띄게 성장했는데요, 전문가들은 클라우드 사업은 이제 시작 단계일 뿐이라고 평가하고 있습니다.

클라우드가 소프트웨어 산업인 만큼 SKYY의 투자 기업 목록에는 유명 소프트웨어 기업이 상위 비중을 차지하고 있습니다. 그중에는 미국의 데이터베이스 소프트웨어 회사인 오라클(3.46%)도 있습니다.

10위 내에는 없지만 전체 투자 기업 목록에 있는 디지털오션은 2021년 1월에 상장한 회사로 기존의 대형 클라우드 서비스 회사보다 저렴한 비용으로 중소형 기업에 클라우드 컴퓨팅 서비스를 제공하면서 틈새시장을 파고들었습니다. 쉽게 설명해 아마존이 대형 마트라면 디지털오션은 편의점처럼 1인 창업자나 소형 기업을 대상으로 간단하고 빠른 서비스를 싸게 제공합니다.

골목 상권에도 대형 마트가 들어오듯 빅테크 기업이 디지털오션의 저가형 클라우드 서비스를 제공하는 날이 올 수도 있습니다. 하지만 우리는 ETF에 투자했기 때문에 디지털오션이 피해를 보더라도 큰 타격을 받지 않을 것입니다. 디지털오션의 매출이 떨어지더라도 클라우드 산업의 전망이 좋고 관련 매출이 증가하면 SKYY ETF에 속한 다른

| 티커 | SKYY | 상장일 | 07.7.20. | 총보수 | 0.05% | 자산 규모 (달러) | 54.6억 |
|---|---|---|---|---|---|---|---|

| TOP10 투자 기업 | VM웨어 4.28% | 아리스타 네트웍스 4.12% | 알리바바 그룹 3.9% | 알파벳A 3.79% | 마이크로 소프트 3.58% | 랙 스페이스 3.54% | 아마존 3.51% | 퓨어 스토리지 3.47% | 오라클 3.46% | 시트릭스 시스템즈 3.33% |

표34. SKYY ETF 정리(기준일: 2022.2.17.)

기업의 매출이 늘어나 전체적으로 주가는 우상향할 것입니다. 이렇듯 그 분야에 대한 정보나 지식이 부족하고 어떤 기업이 시장을 주도할지 불확실한 상황에서는 관련 테마에 투자하는 ETF를 선택하는 것이 현명하다고 할 수 있습니다.

# 환경보호는 이제 필수 조건, ESG

경제 뉴스에 빠짐없이 등장하는 이슈 중 하나가 바로 기후변화입니다. 폭염, 폭우, 산불, 한파 등 몇십, 몇백 년 만에 처음 나타난 이상기후가 계속해서 헤드라인을 장식하고 있습니다.

이는 산업 및 생활에서 발생하는 온실가스 때문에 지구의 온도가 올라가면서 발생한 현상이라고 합니다. 2015년 파리 UN 기후변화 회의에서 선진국과 개도국은 지구 평균기온 상승 폭을 1.5℃ 이하로 제한하기 위한 파리협정을 채택했습니다. 그리고 각 국가마다 온실가스 감축 목표를 세웠습니다. 한국도 2050년까지 배출되는 탄소와 흡수하는 탄소의 양을 일치시키는 '탄소중립'을 선언했죠.

주요 국가뿐만 아니라 여러 글로벌 기업도 ESG, 즉 환경, 사회, 거버넌스를 주요 과제로 채택하기 시작했습니다. 이제 기업은 단순히 매출과 순이익을 높이는 것을 넘어 환경을 보호하기 위한 노력을 기울여야 합니다. 특히 탄소를 할당량 이상 배출하려면 탄소배출권을 구매해야 하기 때문에 탄소배출 절감 정책은 선택이 아닌 필수가 됐습니다.

환경에 대한 개인의 인식 수준 또한 점점 높아지고 있습니다. 작게는 텀블러 사용하기, 영수증 받지 않기부터 ESG 등급이 높은 기업에 투자하기까지 환경보호를 위한 개개인의 노력이 다양한 방식으로 확장되고 있죠.

이렇게 국가, 기업, 기관, 개인 모두 환경보호를 중요한 문제로 여기고 있다는 것은 환경을 개선하기 위한 노력이 계속될 것이며 여기에 투자되는 자금 또한 상당할 것이라는 뜻입니다. ESG에 대한 전 세계 투자 규모는 2018년 30조 7000억 달러에서 2020년 40조 5000억 달러로 증가했습니다. 전문가들은 이런 추세가 계속돼 2030년이 되면 130조 달러까지 증가할 것으로 예측하고 있습니다. 이처럼 탄소중립에 대한 투자는 계속해서 기하급수로 늘어날 것이며 투자자로서 이 같은 거대한 흐름을 파악하는 일은 필수입니다.

환경보호에 대한 투자는 두 가지로 나눠볼 수 있습니다. 하나는 ESG 등급이 높은 기업에 투자하는 방법이고 다른 하나는 탄소배출권에 투자하는 방법입니다. 두 가지 모두 관련 ETF 종목이 있으며 지금도 계속 새로운 종목이 상장되고 있습니다. 대표적인 상품을 보면 ESG 관련 ETF로 ESGU, SUSA가 있고 탄소배출권 관련 ETF로 KRBN이 있습니다.

# ESG 관련 주목할 만한 ETF는?

ESG와 관련한 ETF 중 주목할 만한 종목으로는 ESGU, SUSA, KRBN 이 있습니다. 이 중 ESGU는 블랙록이 운용하는 'iShares ESG Aware MSCI USA ETF'라는 상품인데요, 모건 스탠리 평가 지수인 MSCI USA 인덱스를 바탕으로 좋은 평가를 받는 ESG 관련 중·대형주에 투자하는 종목입니다. ESG ETF 중 자산 규모가 가장 큰 종목이며 거래량이 활발한 324개 기업에 투자하고 있습니다. 좋은 기업으로 구성된 만큼 배당주도 포함돼 있어 분배금을 1% 정도 지급하기도 하는 ETF입니다.

둘째로 SUSA ETF는 블랙록이 운용하는 'iShares MSCI USA ESG Select ETF'라는 상품입니다. MSCI에서 각 기업의 ESG를 측정한 자료를 토대로 등급이 높은 기업에 투자하는 ETF입니다.

| 종목 | ESGU | SUSA | KRBN |
|---|---|---|---|
| 운용사 | 블랙록 | 블랙록 | CICC |
| 상장일 | 2016.12.1. | 2005.1.24. | 2020.7.30. |
| 총보수 | 0.15% | 0.25% | 0.79% |
| 자산 규모 (달러) | 243.4억 | 40.1억 | 17.6억 |
| 투자 기업 수 | 324 | 184 | 3(탄소배출권) |

표35. ESGU, SUSA, KRBN 비교(기준일: 2022.2.17.)

마지막 KRBN ETF는 탄소배출권에 투자하는 상품입니다. 종목명은 'KraneShares Global Carbon Strategy ETF'로 시장 규모가 가장 큰 유럽과 미국 3개 시장의 탄소배출권 선물에 투자하고 있습니다.

원래 우리나라에서는 탄소배출권을 개인이 직접 거래할 수 없기 때문에 이 분야에 관심이 있다면 해외 상품을 찾아봐야 합니다. 국내 자산운용사에서도 해외 탄소배출권에 투자하는 종목을 출시했으니 국내에서 투자하고 싶은 투자자는 참고하길 바랍니다.

ESGU, SUSA ETF가 투자하는 기업을 보면 애플, 마이크로소프트, 구글, 엔비디아, 테슬라 등 우리가 알고 있는 S&P 500에 속한 기업들

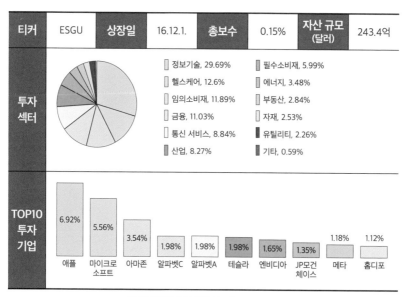

| 티커 | ESGU | 상장일 | 16.12.1. | 총보수 | 0.15% | 자산 규모 (달러) | 243.4억 |

투자 섹터

- 정보기술, 29.69%
- 헬스케어, 12.6%
- 임의소비재, 11.89%
- 금융, 11.03%
- 통신 서비스, 8.84%
- 산업, 8.27%
- 필수소비재, 5.99%
- 에너지, 3.48%
- 부동산, 2.84%
- 자재, 2.53%
- 유틸리티, 2.26%
- 기타, 0.59%

TOP10 투자 기업

| 애플 | 마이크로소프트 | 아마존 | 알파벳C | 알파벳A | 테슬라 | 엔비디아 | JP모건체이스 | 메타 | 홈디포 |
|---|---|---|---|---|---|---|---|---|---|
| 6.92% | 5.56% | 3.54% | 1.98% | 1.98% | 1.98% | 1.65% | 1.35% | 1.18% | 1.12% |

표36. ESGU ETF 정리(기준일: 2022.2.17.)

이 대거 포진돼 있습니다. 앞서 살펴본 지수 추종 ETF에 투자 중이라면 중복되는 기업이 다수 생길 것입니다. 그러니 지수 추종 ETF에 투자하고 있는 투자자 중 ESG 분야에 관심 있는 사람이라면 KRBN을 선택하는 쪽이 더 합리적일 수 있습니다. 또한 만약 지수 추종 상품과 ESG에 한 번에 투자하고 싶다면 VOO, QQQ, ESGU, SUSA 중 하나를 골라 투자하는 것이 좋습니다. 그게 아니라 탄소배출권에 단독으로 투자를 생각 중이라면 KRBN을 선택하면 됩니다. 특히 이 상품은 주식과의 상관관계가 적기 때문에 포트폴리오에 독립된 종목으로 넣어도 좋은 상품입니다.

## 지구보다 큰 또 다른 세상, 메타버스

내연기관 자동차가 처음 세상에 나온 뒤 사람들은 이전보다 더 먼 거리를 이동할 수 있게 됐습니다. 컴퓨터가 등장하고 나서는 기업에서 하루에 처리할 수 있는 업무량이 급격하게 증가했습니다. 개인용컴퓨터는 사람들이 인터넷이란 새로운 세상을 접하게 하고 다양한 정보를 쉽고 빠르게 얻을 수 있게 해줬습니다. 스마트폰이 등장하고 나서는 언제 어디서든 내가 원하는 것을 얻고 쓰고 즐길 수 있는 삶을 살게 됐습니다.

지금도 인스타그램, 유튜브를 비롯한 여러 플랫폼에는 쉴 새 없이 다량의 정보들이 쏟아지고 있습니다. 이렇게 데이터가 점점 많아지다 보니 가상 공간에 데이터를 보관할 수 있는 클라우드 산업도 성장하게 됐습니다. 그런데 여기에 다시 한 번 새로운 바람이 불어오고 있습니다. 바로 메타버스입니다.

메타버스는 가상 세계의 또 다른 표현인 동시에 가상 세계보다 복잡한 산업 구조의 세상입니다. 비대면에 최적화돼 있으면서 인터넷만으로는 누리지 못했던 다양한 체험을 제공합니다. 최근 들어 크게 주목받고 있는 키워드기도 하죠.

그런데 이 단어는 일상 언어에서 곧 사라질 예정입니다. 그 정도로 아주 기본적인 단어가 될 것이기 때문입니다. 대체 무슨 말이냐고요? 원리는 이렇습니다. 길을 가다 스타벅스의 커피가 마시고 싶어졌다고 합시다. 이때 우리는 "스타벅스 찾아봐"라고 이야기합니다. 그 누구도 "스마트폰을 켜고 인터넷에 들어가서 스타벅스 찾아봐"라고 말하지 않는다는 것입니다. 이런 식으로 우리 삶에 깊숙이 들어와 일부가 돼버린 단어들은 결국 소리로 들리지 않게 됩니다. 메타버스 역시 지금은 생소할 수 있지만 곧 우리 일상에 깊이 관여할 개념이자 산업이 될 것입니다.

과거 스마트폰과 인터넷에 투자한 사람이 큰 이익을 봤듯이 메타버스 또한 매력적인 투자처가 될 수 있습니다. 메타버스의 전망을 간단히 살펴보면 2020년 957억 달러 규모였던 시장이 2030년에는 1조 5429억 달러로 확장될 것이라고 합니다. 이미 눈치 빠른 빅테크 기업들과 혁신 기업들은 메타버스와 관련한 투자와 연구를 아끼지 않고 있습니다. 특히 페이스북은 사명을 메타로 변경하면서까지 이 사업에 온 힘을 쏟고 있습니다.

이와 관련한 ETF도 최근 상장했습니다. 바로 METV입니다. 라운드힐에서 운용하는 'The Roundhill Ball Metaverse ETF'라는 상품이며 총보수는 0.75%로 높은 편입니다. 투자 기업은 42개로 대부분 우리가 알고 있는 빅테크 기업들입니다.

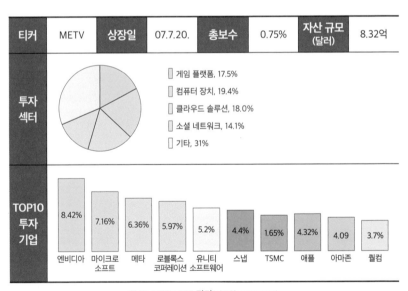

| 티커 | METV | 상장일 | 07.7.20. | 총보수 | 0.75% | 자산 규모 (달러) | 8.32억 |
|---|---|---|---|---|---|---|---|

표37. METV ETF 정리(기준일: 2022.2.17.)

만약 S&P 500 지수를 추종하는 ETF인 VOO에 투자하고 있다면 METV와 투자 기업이 다수 중복될 수 있습니다. 이런 경우 METV는 총보수도 높은 편이니 굳이 함께 투자할 필요는 없습니다. 차라리 S&P 500 지수 혹은 나스닥 100 지수를 추종하는 상품을 매수하는 것이 더 낫습니다. 하지만 평소 메타버스에 관심이 많고 관련 산업이 더욱 발전할 것이라고 생각한다면 가중치를 높이는 차원에서 둘에 중복 투자해도 상관은 없습니다. 다만 알고 투자하는 것과 모르고 투자하는 것은 다르다는 점을 잊지 말아야 합니다. 현재 매수하려는 종목이 나의 투자 방향과 전략에 맞는지 점검해보길 바랍니다.

## 다양한 혁신기술에 투자하는 액티브 ETF

4차산업혁명과 함께 전기차가 상용되면서 테슬라의 주가가 급격하게 상승했습니다. 2020년 미국 주식투자자들 사이에서는 테슬라에 투자한 사람과 그러지 않은 사람의 희비가 엇갈렸는데요, 이 일은 혁신 기업 투자의 중요성을 일깨워주기도 했죠. 하지만 혁신적이라고 해서 매출도 발생하지 않는 기업에 무턱대고 투자할 수는 없는 노릇입니다. 혁신 기업에 관심은 있는데 어디에 투자할지 고민된다면 아크인베스트의 상품이 좋은 답이 될 수 있습니다.

아크인베스트는 테슬라가 기업가치를 인정받지 못하던 시기부터 테슬라에 투자를 시작해 한때는 투자자들에게 조롱을 받기도 한 운용사입니다. 하지만 최근 4차산업혁명이 시작되고 이와 관련된 혁신 기업들의 주가가 상승하면서 아크인베스트는 그들의 투자전략이 허황되지 않았다는 것을 인정받았습니다. 아크인베스트가 운용하는 모든 ETF의 주가가 크게 상승하면서 자산 규모로 글로벌 운용사 순위 12위에 오른 것입니다. 고작 8개 종목으로 이렇게까지 성장한 운용사는 없었으니 역대급 성장이라고 봐도 무방합니다. 하지만 높은 상승은 그만큼 조정도 크게 받는 법이죠. 최근에는 혁신 기업의 하락세로 변동성이 커진 상태입니다.

혁신투자의 핵심은 중·장기적 관점으로 꾸준히 투자를 이어가는 것입니다. 어떤 혁신 기업이 언제 터질지는 아무도 모르지만 미래가 밝은 기업에 끈기 있게 투자하면 좋은 결과를 만들어낼 수 있습니다. 이렇게 모멘텀이 큰 기업에 투자를 하고 싶다면 아크인베스트의 ETF도 괜찮은 투자 대상입니다.

하지만 주의할 점이 하나 있습니다. 혁신 기업은 언제 큰 성장을 이뤄낼지 알 수 없고 경기가 좋지 않을 때는 누구보다 빠르게 하락하는 경향이 있습니다. 따라서 이 종목에 지나치게 큰돈을 투자하는 것은 그다지 바람직한 선택이 아닙니다. 최근 아크인베스트의 실적이 좋지 못한 것도 이 때문입니다. 혁신 기업은 오랜 기다림이 필요한 만큼 스스로 부침을 견딜 수 있는 규모의 투자금을 설정해야 합니다.

아크인베스트는 '액티브 ETF'로 유명한 자산운용사입니다 보통 ETF 는 정해진 지수의 구성종목을 그대로 따라가는 '패시브 ETF'가 기본입 니다. 이와 달리 액티브 ETF는 성장주를 적극적으로 매매하고 이를 통 해 패시브 ETF보다 많은 초과수익을 추구합니다.

아크인베스트의 종목은 액티브 ETF 6개와 패시브 ETF 3개로 구성 돼 있습니다. 여기서는 액티브 ETF 6개를 간단히 살펴보겠습니다. 첫 째로 ARKK입니다. 이 종목은 파괴적 혁신 기업에 투자합니다. 둘째는 ARKQ로 자동화 및 로보틱스에 투자하는 상품입니다. 셋째 ARKW는 차세대 인터넷, 넷째 ARKG는 유전자생명공학 관련 ETF입니다. 다섯 째로 ARKF는 혁신금융, 마지막으로 ARKX는 우주항공 분야에 투자 하는 ETF입니다.

각각의 ETF가 따로 운용되기 때문에 이 6개 종목의 투자 기업이 중 복되기노 합니다. 대표적으로 테슬라는 파괴적 혁신으로 ARKK에 포 함돼 있지만 자동화, 로보틱스, 차세대 인터넷과도 연관이 있기 때문에 ARKQ와 ARKW에도 속해 있습니다. 혁신 기업에 종합적으로 투자하 길 원한다면 ARKK가 적합하며 특정한 분야에 투자하고 싶다면 그 분 야의 기업이 어떤 ETF에 속해 있는지 살펴보고 선택하면 됩니다.

각 종목의 자산 규모를 유심히 살펴보면 또 다른 힌트를 얻을 수 있 습니다. 다른 분야보다 유독 자산 규모가 작은 ETF가 있는데요, 바로

| 종목 | ARKK | ARKQ | ARKW | ARKG | ARKF | ARKX |
|---|---|---|---|---|---|---|
| 운용사 | 아크인베스트 | | | | | |
| 상장일 | 2014.<br>10.31. | 2014.<br>9.30. | 2014.<br>9.29. | 2014.<br>10.31. | 2019.<br>2.4. | 2021.<br>3.20. |
| 총보수 | 0.75% | 0.75% | 0.83% | 0.75% | 0.75% | 0.75% |
| 자산 규모<br>(달러) | 121.7억 | 16억 | 25.6억 | 38.3억 | 16억 | 400만 |
| 특징 | 파괴적<br>혁신 | 자동화<br>/로보틱스 | 차세대<br>인터넷 | 유전자<br>생명공학 | 혁신금융 | 우주항공 |
| 투자 기업 수 | 41 | 39 | 40 | 53 | 36 | 36 |

표38. ARKK, ARKQ, ARKW, ARKG, ARKF, ARKX 비교(기준일: 2022.2.17.)

ARKX ETF입니다. 늦게 상장해서 그렇기도 하지만 어떤 종목의 투자 기업 수가 적고 자산 규모가 작다는 것은 ETF에 포함된 산업과 기업이 아직 성장 초기 단계라는 의미기도 합니다. 특히 우주항공 분야 산업은 시작된 지 얼마 되지 않았기 때문에 어떤 기업이 어떤 사업으로 크게 성장할지 예측하기 힘듭니다. 그래서 투자 성공 확률을 높이기 위해 여러 기업에 투자하는 것이죠.

혁신 ETF는 전체 포트폴리오에서 10%를 넘지 않게 투자해야 변동성을 감당하면서 오래 유지할 수 있습니다. 무턱대고 큰돈을 투자해 밤잠을 설치는 일이 없길 바랍니다.

# 혁신 관련 주목할 만한 ETF는?

아크인베스트의 여섯 가지 액티브 ETF 중 가장 유명한 ARKK ETF를 좀 더 자세히 살펴보겠습니다. ARKK의 종목명은 'ARK Innovation ETF'로 2014년 상장된 상품입니다.

2022년 2월 기준 ARKK의 투자 기업은 총 41개입니다. 액티브 ETF인 만큼 매일 종목 수와 비중이 바뀝니다. 그렇다고 기업 하나를 한 번에 전부 매도하는 경우는 드물며 분할매수, 분할매도를 합니다. 매일 거래한 내용은 투자자에게 투명하게 공유하는데 이를 통해 아크인베스트의 투자 트렌드를 분석할 수 있습니다.

ARKK의 투자 기업 순위를 보면 2022년 2월 기준 테슬라(8.36%), 로쿠(6.46%), 텔레닥(6.41%), 줌비디오커뮤니케이션(6.17%), 코인베이스(5.58%)순입니다. 역시 테슬라가 1위를 차지하고 있네요. 그 밖에 텔레닥은 원격의료 기업의 최강자고 코인베이스는 얼마 전 상장한 코인거래소입니다. 줌비디오커뮤니케이션은 화상회의 서비스로 유명한 기업이며 로쿠는 OTT계의 구글이라 불리는 기업입니다. 이 외에 ARKK 투자 비중 상위 기업 중 유니티 소프트웨어는 메타버스 산업의 핵심 기업으로 가상현실을 구현하는 설계 툴을 보유하고 있습니다.

혁신투자란 현재의 매출보다 미래의 매출과 순이익이 기대되는 기업에 투자하는 것입니다. 그리고 ARKK ETF는 대표적인 혁신투자 상

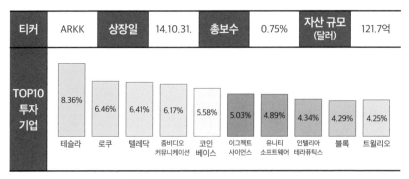

| 티커 | ARKK | 상장일 | 14.10.31. | 총보수 | 0.75% | 자산 규모 (달러) | 121.7억 |
|---|---|---|---|---|---|---|---|

TOP10 투자 기업

- 테슬라 8.36%
- 로쿠 6.46%
- 텔레닥 6.41%
- 줌비디오 커뮤니케이션 6.17%
- 코인 베이스 5.58%
- 이그젝트 사이언스 5.03%
- 유니티 소프트웨어 4.89%
- 인텔리아 테라퓨틱스 4.34%
- 블록 4.29%
- 트윌리오 4.25%

표39. ARKK ETF 정리(기준일: 2022.2.17.)

품답게 다양한 분야와 기업에 투자하고 있습니다. 미래가 어떻게 될지는 아무도 알 수 없지만 스토리텔링을 통한 아크인베스트의 투자 방식이 상당히 매력적이란 점은 분명해 보입니다.

## 온라인 무법지대의 보안관, 사이버 보안

최근 메타버스가 크게 주목받으면서 우리가 살고 있는 현실 세계가 아닌 가상 세계에 대한 관심이 높아지고 있습니다. 실제로도 가상 세계가 확장되고 있는 것을 체감할 수 있습니다. 뜬구름 잡는 이야기 같지만 우리는 이미 메타버스를 간접적으로 경험하고 있으니까요. 잠깐이라도 손에 없으면 허전한 스마트폰이 대표적인 예입니다. 카카오톡으로 대화를 하고 인스타그램에 사진을 올리고 유튜브로 동영상을 보고

웹사이트와 앱으로 쇼핑을 합니다. 이 모든 활동은 현실 세계가 아닌 온라인 세계에서 이뤄집니다. 이런 활동들이 좀 더 구체화되는 과정이 바로 메타버스로 이동하는 과정입니다.

코로나19 이후 타인과의 만남이 줄어들고 비대면 생활에 익숙해지면서 우리 삶은 더욱 빠르게 메타버스 세계로 넘어가고 있습니다. 그런데 나의 모든 정보와 기술이 온라인으로 이동하는 과정이 과연 안전하기만 할까요? 현재 사이버 보안과 가상 공간에서의 범죄 행위에 대한 규정은 각 플랫폼의 내규에 따라 IP를 차단하는 것이 전부인 경우가 많습니다. 다른 ID나 PC로 접속하면 다시 처음처럼 활동할 수 있죠. 나아가 다양한 플랫폼과 각종 주요 기관에 대한 사이버 테러도 빈번하게 발생하고 있습니다.

사이버 범죄의 피해 규모는 전 세계적으로 계속 증가하고 있습니다. 전문가들은 현재와 같은 추세를 유지한다면 2025년에는 피해 금액이 1경 달러를 넘을 것이라고 추정하고 있죠. 사이버 보안에 대한 세계적인 차원에서의 논의는 현재 진행형으로 관련 기업들의 기술 진보가 시급한 상황입니다. 그 논의의 일환으로 미국 정부는 빅테크 기업과 함께 회의를 진행했는데요, 구글과 마이크로소프트로부터 사이버 보안 문제 해결을 위해 각각 100억, 200억 달러를 투자하겠다는 약속을 받아내기도 했습니다.

투자자라면 이렇게 큰돈이 집중되는 분야에 관심을 가져야 합니다.

| 종목 | CIBR | HACK |
|---|---|---|
| 운용사 | 퍼스트 트러스트 | ETFMG |
| 상장일 | 2015.7.17. | 2014.11.11. |
| 총보수 | 0.6% | 0.6% |
| 자산 규모 (달러) | 52.1억 | 19.6억 |
| 투자 기업 수 | 36 | 65 |

표40. CIBR, HACK 비교(기준일: 2022.2.17.)

사이버 보안 관련 ETF 중 대표적인 상품 두 가지만 소개하자면 CIBR 과 HACK가 있습니다. 먼저 CIBR ETF는 주로 소프트웨어나 네트워 킹 회사로 구성돼 있지만 항공우주 및 방위 같은 다양한 분야에도 투 자하는 종목입니다. HACK ETF의 경우는 사이버 보안 하드웨어와 소 프트웨어, 보안 서비스 기업으로 구성돼 있어 CIBR보다 사이버 보안 에 초점을 맞춘 종목입니다.

## 사이버 보안 관련 주목할 만한 ETF와 기업은?

최근 5년간 CIBR과 HACK의 수익률을 비교해보면 CIBR은 연평균 22.8%, HACK는 20.33%로 CIBR ETF가 매년 2.5% 더 많은 수익을 냈습니다. 자산 규모 역시 CIBR이 2배 이상 더 큽니다. 따라서 여기서는 CIBR ETF를 좀 더 자세히 살펴보겠습니다.

CIBR은 퍼스트 트러스트에서 운용하는 'First Trust NASDAQ Cybersecurity ETF'라는 종목의 티커입니다. CIBR이 투자하는 기업 수는 2022년 2월 기준 총 36개로 대부분 우리에게 생소한 기업입니다. 산업 자체가 아직 대중에게 잘 알려지지 않았기 때문입니다.

CIBR의 투자 기업을 보면 시스코(6.35%), 팔로 알토 네트웍스 (6.17%), 액센츄어(5.91%), 크라우드스트라이크(5.59%), 클라우드플레어 (3.93%)순입니다. 이 분야에 직접투자를 고려하는 분도 있을 것 같아 CIBR ETF의 투자 기업 중 매출, 영업이익, R&D 투자, 현금흐름, 미래 가치 등을 고려한 핵심 기업 3개를 뽑아보겠습니다. 이 기업을 살펴보 며 CIBR이 어디에 투자하는 ETF인지, 이 종목이 나의 투자 가치관에 맞는지 점검해보길 바랍니다.

첫 번째 기업은 시스코입니다. 시스코는 세계 최대 네트워크 장비업

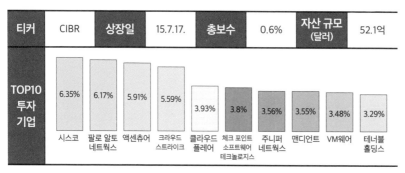

표41. CIBR ETF 정리(기준일: 2022.2.17.)

체입니다. 서로 다른 네트워크를 연결할 때 필요한 라우터를 최초로 판매한 기업으로 네트워크 시장의 60% 이상을 점유하고 있습니다. 현재 시스코의 주력 사업은 네트워크 관련 설계 및 서비스입니다. 앞으로 5G, 자율주행 자동차, 클라우드, 빅데이터, IoT 등 다양한 산업에서 네트워크가 필요해질 것이기 때문에 시스코의 미래는 밝습니다.

두 번째 기업은 크라우드스트라이크입니다. 클라우드 전문 사이버 보안 기업으로 8416개가 넘는 기업에 서비스를 제공하는 안정적인 회사입니다. 크라우드스트라이크의 시스템은 인공지능으로 데이터를 수집해 향상한다는 특징이 있습니다. 데이터가 쌓일수록 퍼포먼스가 상승하는 선순환 구조죠. 이 시스템이 실시간으로 바이러스를 감지해 처리하는 데 걸리는 시간은 6분 정도밖에 되지 않습니다. 또한 플랫폼 하나에서 모든 기능을 수행하고 관리하기 때문에 사용하기 편리합니다. 크라우드스트라이크는 지금보다 앞으로가 더 기대되는 기업입니다.

마지막으로 소개할 기업은 상위 10위에 속해 있지는 않습니다. 바로 포티넷이란 회사인데요, 포티넷은 네트워크 보안 기업으로 네트워크와 콘텐츠의 보안 위협으로부터 사용자를 보호하는 통합 보안 및 네트워킹 기능을 제공합니다. 사이버 보안 관련 회사 중 유일하게 매출과 순이익을 안정적으로 유지하고 있는 기업으로 주가 또한 꾸준히 우상향을 그리고 있습니다.

여기까지 반도체, 사이버 보안 등 다양한 테마 ETF와 그에 포함된

몇몇 기업을 소개해드렸는데요, 기업에 직접투자를 하려고 생각 중이라면 해당 기업의 재무제표 분석을 기반으로 기업가치를 평가하고 시장점유율과 미래 비전도 점검해보길 바랍니다. 반도체처럼 규모가 크고 몇 번의 사이클이 지난 테마에는 직접투자하는 것도 좋지만 사이버 보안처럼 이제 시작 단계인 테마에는 아직 순이익이 마이너스인 기업도 있으며 누가 시장을 장악할지 확실치 않은 상황이니 직접투자보다 ETF 투자로 접근하는 것이 좋습니다.

**정리하기**   **포트폴리오에 넣어두면 좋은 테마별 ETF의 종류**

1. SOXX: 반도체 분야 대표 ETF.
2. SKYY: 클라우드 분야 대표 ETF.
3. ESGU: ESG 분야 대표 ETF.
4. METV: 메타버스 분야 대표 ETF. VOO에 투자하고 있다면 투자 기업이 중복될 수 있으므로 신중하게 투자.
5. ARKK: 아크인베스트의 대표 액티브 ETF.
6. CIBR: 사이버 보안 분야 대표 ETF.

# 3부

# 나의 첫
# ETF 포트폴리오

# ⑤ 8장 ⑤

# QQQ와 함께 투자하면
# 좋은 ETF

## 약점을 보완하는 포트폴리오

한국인이 많이 보유한 미국 주식 상위 10개를 살펴보면 ETF가 2개 있습니다. 2022년 2월 기준 8위인 QQQ(약 14조 4000억 원), 9위인 SPY(1조 800억 원)가 그것입니다. 사실 자산 규모는 SPY가 QQQ보다 더 크고 상장일도 6년 더 앞서 있지만 우리나라 투자자들은 기술 기업을 포함한 성장주를 선호하는 경향이 뚜렷한 것으로 보입니다.

　SPY에 투자하면 미국의 모든 산업 분야에 고르게 투자할 수 있습니다. 투자 기업도 500개로 많은 편이어서 분산투자 효과도 누릴 수 있습니다. 반면 QQQ는 100개 기업에만 투자하고 성장에 포커스를 맞추고 있어 SPY보다는 조금 불안정합니다.

따라서 QQQ에 투자하고 싶다면 QQQ의 약점을 보완할 수 있는 ETF에 함께 투자하는 것이 좋습니다. 혹시라도 지금 QQQ에 100% 투자를 하고 있거나 QQQ를 매수하려고 고민 중이라면 지금부터 소개할 QQQ와 함께 투자하면 좋은 ETF 다섯 가지를 눈여겨보세요.

## QQQ+VOO

첫 번째 조합은 'QQQ+VOO'입니다. VOO는 SPY와 동일하게 S&P 500 지수를 추종하는 ETF로 총보수가 SPY보다 저렴하기 때문에 VOO를 선택했습니다. QQQ와 VOO를 함께 매수한다는 것은 나스닥 100과 S&P 500에 함께 투자하겠다는 의미입니다.

QQQ가 투자하는 기업 중 70%는 S&P 500에 포함됩니다. 따라서 QQQ와 VOO에 함께 투자하면 기술성장 기업에 중복 투자하게 되기 때문에 별로라고 생각할 수도 있습니다. 하지만 반대로 VOO에 투자하기는 하는데 그중에서도 기술성장 기업에 좀 더 가중치를 두고 싶다면 QQQ에 투자하는 것이 좋은 해결책이 될 수 있습니다. QQQ 입장에서는 분산투자 효과를 누리게 되는 것입니다.

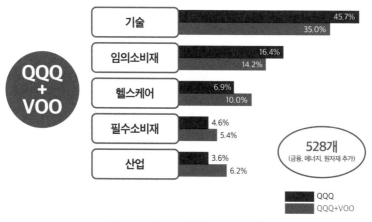

기술 45.7%
35.0%

임의소비재 16.4%
14.2%

헬스케어 6.9%
10.0%

필수소비재 4.6%
5.4%

산업 3.6%
6.2%

QQQ
+
VOO

528개
(금융, 에너지, 원자재 추가)

QQQ
QQQ+VOO

표42. QQQ와 VOO 조합(기준일: 2022.3.4.)

QQQ와 VOO에 1:1로 투자하면 투자 섹터가 어떻게 변하는지 살펴보겠습니다. [표42]를 보면 먼저 QQQ에만 투자할 때는 기술 분야에 45.7%의 비중을 두게 됩니다. 한편 1:1 비율로 VOO와 함께 투자하면 기술 섹터 비중이 35.0%까지 내려가고 임의소비재 섹터 비중은 16.4%에서 14.2%까지 줄어듭니다. 반대로 헬스케어는 6.9%에서 10.0%로 증가하고 여기에 더해 QQQ에서는 원래 투자하지 않는 금융, 에너지, 원자재 섹터까지 가져갈 수 있습니다. 따라서 더욱 광범위한 분야에 투자하는 효과를 누릴 수 있습니다.

# QQQ+VNQ

두 번째 조합은 'QQQ+VNQ'입니다. VNQ는 앞서 소개한 부동산 리츠 관련 ETF입니다. QQQ는 성장주에 포커스를 맞추고 있어서 배당이 상대적으로 적습니다. 특히 부동산 분야에는 전혀 투자하지 않죠. 따라서 VNQ ETF가 이런 약점을 보완해줄 수 있습니다.

보수적인 관점에서 배당 비중을 높게 투자하고 싶은 분이라면 QQQ와 VNQ의 비율을 1:1로 가져가도 좋습니다. 하지만 보통 QQQ에 투자하겠다고 생각하는 투자자는 성장주에 투자 포커스를 맞추는 경우가 많기 때문에 QQQ와 VNQ를 2:1 정도로 분배하는 것이 적절합니다. 좀 더 공격적인 투자 성향이라면 3:1 혹은 4:1까지 분배해도 괜찮습니다.

QQQ와 VNQ 투자 비중을 2:1로 나눴을 때 투자 섹터에 어떤 변화가 일어나는지 살펴보겠습니다. [표43]을 보면 우선 기술 분야는 45.7%에서 30.5%로, 임의소비재는 16.4%에서 11.0%로 비중이 줄어듭니다. 또한 헬스케어 분야는 6.9%에서 4.6%로 감소하며 각 섹터에서의 감소분만큼 리츠 분야에 대한 투자 비중이 늘어나게 됩니다. VNQ ETF는 배당을 2.8% 정도 줍니다. QQQ에 투자할 때 받을 수 있는 배당이 0.5%니 5배가 넘는 배당률입니다. 이 두 ETF에 투자하면 성장과 배당 두 마리 토끼를 모두 잡을 수 있습니다.

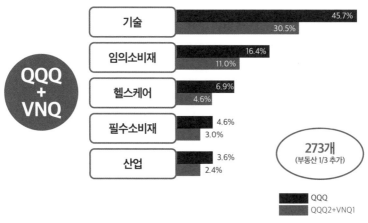

기술 45.7% / 30.5%

임의소비재 16.4% / 11.0%

헬스케어 6.9% / 4.6%

필수소비재 4.6% / 3.0%

산업 3.6% / 2.4%

QQQ
+
VNQ

273개
(부동산 1/3 추가)

■ QQQ
■ QQQ2+VNQ1

표43. QQQ와 VNQ 조합(기준일: 2022.3.4.)

추가로 하나 더 이야기하자면 QQQ+SCHD 조합도 성장과 배당을 모두 가져가는 좋은 궁합입니다. QQQ+VNQ처럼 QQQ가 성장을 담당하면 SCHD는 배당을 담당합니다.

## QQQ+테마

세 번째 조합은 'QQQ+테마'입니다. QQQ에 투자하면서 내가 원하는 분야를 중심으로 다루는 ETF에 함께 투자하는 것입니다. 앞서 설명한 반도체, 클라우드, ESG, 메타버스, 혁신성장, 사이버 보안 중 하나를 골라도 좋고 아예 다른 분야를 선택해도 됩니다.

개인적으로 제가 QQQ와 함께 투자할 ETF를 고른다면 탄소배출권에 투자하는 KRBN ETF를 선택하겠습니다. 앞으로 2050년까지 탄소중립은 꾸준히 관심받을 수밖에 없는 테마입니다. 이와 동시에 환경문제는 인류가 꼭 해결해야 할 숙제기 때문에 국가 단위의 대규모 자금이 투입될 확률이 높습니다. 탄소배출권은 이런 이슈의 중심에 있으며 심지어 주식과의 상관관계도 낮기 때문에 KRBN에 투자하면 분산투자 효과까지 함께 누릴 수 있습니다. KRBN ETF는 금이나 채권처럼 주식과는 다른 자산의 개념으로 접근하는 것이 좋으며 비중은 10~20%가 적당합니다.

## QQQ+VEA

네 번째 조합은 'QQQ+VEA'입니다. VEA는 5장에서 소개한 글로벌 배당 ETF입니다. VNQ와 QQQ의 조합을 살펴볼 때 잠깐 이야기했지만 QQQ의 가장 큰 약점은 배당입니다. 따라서 VNQ보다 좀 더 넓은 범위의 배당 ETF인 글로벌 배당 ETF에 함께 투자하는 것도 좋은 선택일 수 있습니다.

VEA는 4000개가 넘는 기업에 투자하는 ETF로 이 종목에 투자하면 분산투자 효과를 크게 누릴 수 있습니다. 엄청나게 많은 기업이 포

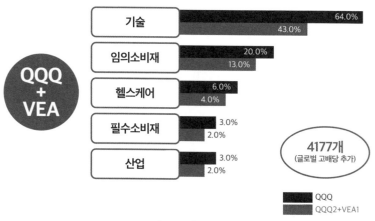

표44. QQQ와 VEA 조합(기준일: 2022.3.4.)

함돼 있다 보니 위험한 종목이 아닌가 싶을 수도 있는데요, VEA는 우리나라 대표 기업인 삼성전자, 반도체 장비업계 1인자인 ASML 홀딩에 투자하고 있는 탄탄한 ETF입니다.

QQQ와 VEA 비중을 2:1로 잡는다고 가정했을 때 QQQ의 투자 분야는 3분의 1씩 줄어듭니다. 그리고 줄어든 비중만큼 VEA ETF에 속한 4000개 이상의 기업에 투자가 이뤄집니다. 구체적인 변화는 [표44]를 참고하길 바랍니다. 이렇게 투자하면 성장과 배당을 고르게 갖춘 투자 포트폴리오가 만들어집니다.

# QQQ+IEF

다섯 번째 조합은 'QQQ+IEF'입니다. 보통 투자 포트폴리오는 배당, 성장, 채권, 원자재라는 4개 분야로 구성합니다. 그중 가장 기본이 채권입니다. 달러 자산 역할을 하기 때문입니다.

QQQ에 투자하면서 안정적인 현금성 자산을 갖고 있고 싶다면 중기 채권인 IEF를 매수하는 것이 좋습니다. 단기 채권SHY과 장기 채권TLT도 있는데 굳이 중기 채권IEF을 선택한 이유는 간단합니다. 단기 채권보다 배당을 많이 주고 장기 채권보다 수익률 변동이 적기 때문입니다. 만약 여기서 좀 더 변동성을 가져가고 싶다면 장기 채권TLT으로 변경해도 무방하니 각각의 투자 성향에 맞춰 선택하면 됩니다. 포트폴리오 비중은 5~10%로 설정하길 권장합니다.

평상시에는 채권 투자가 굳이 필요한가 하는 생각도 들 것입니다. 하지만 경제 위기가 발생하면 이야기가 달라집니다. 자산의 변동성을 줄여주고 저점을 찍은 주식을 매수할 총알이 돼주기도 합니다. 그러니 채권은 5년 혹은 10년에 한 번 오는 리스크를 대비한 보험이라고 생각하는 것이 좋습니다.

지금까지 QQQ와 함께 투자하면 좋은 ETF 다섯 가지를 소개했습니다. QQQ ETF 투자 섹터 중 기술과 임의소비재 분야의 총합은 62.1%입니다. 그만큼 2개 분야에 투자가 집중돼 있죠. 방금 소개한 5개 종목은 QQQ의 약점을 보완해줍니다. 이런 투자전략을 '바벨전략'이라고 합니다. 운동을 할 때 바벨의 양쪽 무게를 잘 맞춰야 안전하죠. 마찬가지로 성장과 배당의 비중을 잘 맞추면 안전하고 효과적인 투자를 할 수 있습니다.

현재 투자를 고려 중인 ETF가 있다면 이 책에서 소개한 다양한 ETF를 보면서 나만의 바벨전략을 세워보면 좋을 것입니다. 여기서 시야를 넓히면 나의 투자 성향에 맞는 더 구체적인 포트폴리오를 구축할 수 있습니다. 3부에서는 QQQ뿐만 아니라 각자 상황에 적합한 포트폴리오를 구성하는 다양한 방법과 실제 사례를 들어보겠습니다.

**정리하기 | QQQ와 함께 투자하면 좋은 ETF**

1. VOO: 미국 산업 분야에 고르게 투자할 수 있어 성장에 초점을 맞춘 QQQ의 불안정성을 보완.
2. VNQ: 부동산 리츠에 투자하는 ETF로 월 배당이 상대적으로 적은 QQQ의 단점을 보완.
3. 각종 테마 ETF: 내가 관심 있는 분야의 ETF에 추가로 투자.
4. VEA: 글로벌 배당 ETF로 월 배당이 상대적으로 적은 QQQ의 단점을 보완.
5. IEF: 중기 채권 ETF로 QQQ의 불안정성을 보완하는 동시에 달러 자산 확보.

# ETF 포트폴리오 만들기

## 포트폴리오의 두 가지 필수 조건

친구가 좋다고 이야기한 종목을 담고 주식투자 유튜버가 소개하는 종목도 좋아 보여서 담고 직접 공부해보니 이건 놓치면 안 되겠다 싶은 종목도 담다 보면 내 주식계좌는 백화점이 됩니다. 언제, 왜 매수했는지, 언제 팔아야 할지 모르는 온갖 종목이 잔뜩 쌓이죠. 하지만 제아무리 좋은 주식도 비싸게 사면 나쁜 종목이 돼버리는 것이 현실입니다. 스스로도 주체하지 못하는 투자는 이제 그만할 수 있도록 포트폴리오를 구축하는 두 가지 방법을 알려드리겠습니다.

첫째, 먼저 나의 투자 성향을 파악합니다. 나만의 투자 포트폴리오를 만든다는 것은 남들이 좋다고 하는 종목을 매수하는 것이 아닙니다. 내가 어떤 투자 성향을 갖고 있고 그에 따라 장기적으로 투자할 수 있는 종목이 무엇인지 파악하는 과정을 거친 뒤 탄생하는 결과물입니다. 고리타분한 이야기처럼 들릴 수도 있지만 정말 중요한 내용이라 반복해서 말하게 되네요.

나를 알고 적을 알면 100번을 싸워도 위태롭지 않다고 했습니다. 우리는 적을 알기 위해 그 기업의 재무제표부터 차트와 펀더멘탈(주요 거시경제지표)까지 계산하고 분석합니다. 그런데 정작 나 자신이 어떤 투자자인지는 알려고 하지 않습니다. 아무리 수익이 높으면 장땡이라고 해도 그 과정이 말처럼 쉽지는 않습니다. 테슬라 같은 종목에 투자하고 고난을 잘 견뎌서 결국 돈을 버는 사람이 있는가 하면 통곡의 벽을 넘지 못해 손해를 보고 나오는 사람도 있습니다. 후자의 경우는 변동성이 큰 혁신기술 기업에 투자하기보다는 안정적인 배당 기업에 투자하는 것이 더 적절합니다. 내게 잘 맞는 옷은 오랫동안 편안하게 입을 수 있듯이 투자도 마찬가지입니다. 내가 어떤 투자자인지 먼저 알아야 내게 맞는 포트폴리오를 만들 수 있습니다.

내가 어떤 투자자인지 알아내는 일은 안타깝게도 몇 가지 문항에 답하면 바로 정답을 보여주는 테스트 같은 것이 아닙니다. 경제 위기와 호황을 겪으며 내가 그동안 어떤 선택을 해왔고 그때 내 심정이 어땠는지 숙고하는 과정을 거쳐야 합니다. 그렇게 알아낸 투자 성향을 기반으로 포트폴리오를 만들어야 나만의 투자 철학이 생기고 뚝심 있게 나아갈 수 있습니다. 이 장에서 다양한 사례를 소개해드릴 테니 그 사례에 자신을 대입하면서 투자 성향을 생각해보길 바랍니다.

둘째, 투자 기간과 목표를 설정합니다. 강의를 하고 영상을 제작하다 보면 투자와 관련한 다양한 질문을 받습니다. 그런데 이때 질문자가 투자 기간과 목표를 제대로 알려주지 않아 답변하기 곤란한 경우가 많습니다. "매달 100만 원씩 투자할 생각인데 어떻게 포트폴리오를 만들까요?"라는 질문을 받으면 저는 "언제, 어떻게 사용할 돈인가요?"라고 되묻습니다.

이렇게 투자에는 언제나 기간과 목적이 있어야 합니다. 그래야 명확한 포트폴리오를 그릴 수 있습니다. 예컨대 최근 누군가 저에게 "지금 현금으로 5000만 원이 있습니다. 1년 뒤 이사를 가야 해서 집 구매 비용으로 사용될 돈입니다. 어떻게 투자하면 좋을까요?"라고 질문했습니다. 저는 "1년 뒤 5000만 원 중 1원도 사라져서는 안 된다면 투자를 권유하지 않습니다"라고 답했습니다. 그러면서 앞서 이 책에서 소개한 채권 ETF를 추천했습니다.

보통 포트폴리오를 만들 때는 적어도 5년 이상의 투자 기간을 설정하는 것이 좋습니다. 여기서 수익률을 더 높이고 싶으면 10년 이상 투자해 복리 효과를 톡톡히 누리는 것이 좋습니다. 이렇게 투자하려면 노후 준비를 위한 목적으로 포트폴리오를 구성하는 것이 가장 이상적이겠죠. 그럼 지금부터 안정적인 투자를 선호하는 성향을 가졌고 10년 이상 장기 투자를 한다는 관점에서 투자 금액에 따라 어떻게 포트폴리오를 구성해야 할지 전략을 세워보겠습니다.

## 목돈이냐, 적립식이냐

어떻게 투자해야 할지 막막할 때 가장 먼저 해야 할 일은 내가 현재 투자할 수 있는 돈이 얼마인지 확인하고 앞으로 몇 년간 꾸준히 얼마를 투자할 수 있는지 설정하는 것입니다. 여기서 상황은 보통 두 가지로 나뉩니다. 목돈을 한 번에 투자하는 포트폴리오와 매달 적립식으로 몇 년간 지속해 투자하는 포트폴리오입니다.

준비한 목돈 외에 추가 금액을 투자하기가 어렵다면 분할매수를 잘해야 합니다. 왜일까요? 투자에는 사람 심리가 작용해서 단가가 매일 바뀌고 언제 가격이 제일 저렴할지는 그 누구도 알 수 없기 때문입니다. 따라서 나눠서 매수해 전체 금액을 낮추고 단가를 시장 평균에 근접하게 만들수록 안정적으로 투자할 수 있습니다.

투자금이 1억 원이라고 해서 1억 원 전부를 하루에 매수하면 곤란합니다. 간혹 1억 원을 하루 동안 10번 나눠서 매수했다면서 본인이 분할

매수를 했다고 생각하는 경우가 있습니다. 하지만 이는 하루에 '몰빵 매수'를 한 것과 마찬가지입니다. 경기 흐름을 파악하려면 적어도 3개월의 기간을 두고 10번 이상 나눠서 매수해야 합니다. 그렇게 해야 분할매수를 했다고 할 수 있으니 꼭 시장의 전반적인 흐름을 파악한 뒤에 천천히, 나눠서 매수하길 바랍니다.

적립식 투자의 경우 매달 꾸준히 투자를 하게 되니 자연스럽게 분할매수 효과를 누릴 수 있습니다. 혹은 처음에 목돈을 투자한 다음 매달 꾸준히 적립식으로 투자하는 방법도 있습니다. 이때도 마찬가지로 목돈은 3개월간 나눠서 매수하는 동시에 매달 얼마를 꾸준히 투자하는 방식을 병행하는 것이 좋습니다. 이렇게 하면 지속적으로 분할매수 효과를 누릴 수 있습니다.

## 투자 분야 나눠서 생각하기

투자 금액을 설정했으면 이제 포트폴리오를 구성할 차례입니다. 앞서 지수 추종 ETF부터 채권과 원자재 ETF까지 다양한 상품을 소개했습니다. 이제 이 상품을 어떻게 조합해야 다양한 분야에 고르게 투자할 수 있을지 하나씩 풀어보겠습니다. 여기서 가장 중요한 것은 투자 분야를 네 가지로 나눠보는 것입니다.

네 가지 분야는 성장, 배당, 채권, 원자재입니다. 분야별 비중을 얼마로 채울지는 본인의 투자 성향과 투자 기간에 맞게 구성하면 됩니다. 리스크를 감수하더라도 수익을 높이고 싶다면 성장에 비중을 높이고 주기적으로 안정적인 수익을 만들고 싶다면 배당을 높이고 경제 위기가 왔을 때 리스크를 줄이고 싶다면 채권과 원자재 비중을 높이는 것입니다.

주식투자자는 보통 채권과 원자재에 별로 큰 관심을 갖지 않습니다. 하지만 주식과 반대 성향을 띤 자산의 비중이 적어도 5~10%는 있어야 코로나19 같은 예상치 못한 위기가 왔을 때 현명하게 대처할 수 있습니다. 실제로 2020년 3월 코로나19로 세계 증시가 혼란을 겪을 때 미국증시는 30% 하락했고 개별 종목은 반 토막이 났지만 채권 가격은 상승했고 안전자산인 금(원자재)은 양호한 수준을 유지했습니다. 이때 현금이 충분한 주식투자자들은 유망한 종목을 매수했지만 대부분의 개인투자자는 그러지 못했습니다. 갑자기 현금을 구하기가 어려웠기 때문입니다. 만약 이전에 채권과 원자재에 투자했다면 위기가 아닌 기회의 순간을 맞았겠죠.

경제 상황은 언제 어떻게 바뀌고 흘러갈지 누구도 예측할 수 없습니다. 그러니 언제든 변화에 대응할 수 있는 포트폴리오를 구축하는 것이 좋습니다. 그럼 지금부터 30만 원씩 적립식 투자를 하는 방법부터 목돈을 투자하는 방법까지 투자 금액별로 어떻게 포트폴리오를 구성하는지 살펴보겠습니다. 설명을 읽고 다양하게 변주하면서 나만의 강력한 투자 포트폴리오를 만들어보길 바랍니다.


## 작지만 강력한 포트폴리오(적립식 30만 원)

본격적으로 해외 주식에 투자하고 싶은 초보 투자자라면 우선 30만 원 적립식 투자부터 시작해보는 것이 좋습니다. 30만 원 적립식 포트폴리오는 해외 주식투자 포트폴리오의 최소 금액입니다. 혹시 매달 30만 원이 부담스럽다면 국내 상장된 해외 ETF에 투자하는 것도 추천합니다. 이때는 연금저축을 이용하는 것이 가장 좋은데요, 이와 관련한 내용은 뒤에서 다시 다뤄보겠습니다.

다시 본론으로 돌아와서 30만 원 적립식 투자를 할 때는 딱 세 가지 종목으로 알찬 포트폴리오를 만들어볼 수 있습니다. 우선 성장 파트에서는 S&P 500 지수를 추종하는 종목을 넣었습니다. 여기서는 앞서 소개한 SPY, VOO, IVV가 아니라 SPLG ETF를 선택했는데요, VOO ETF는 1주당 가격이 50만 원이라 30만 원 포트폴리오에 담기는 어렵기 때문입니다. 따라서 동일한 지수를 추종하되 가격은 저렴한 SPLG를 넣었습니다. 같은 지수를 추종하는 상품이라 수익률 차이는 미미하고 총보수 또한 0.03%로 VOO나 IVV와 동일합니다.

| 30만 원 포트폴리오 | | | | | | | |
|---|---|---|---|---|---|---|---|
| 구분 | 티커 | 산업 | 현재가(달러) | 수량 | 투자 금액(달러) | 비중 | |
| 성장 | SPLG | S&P 500 | 50.85 | 2 | 101.7 | 39% | 39% |
| 배당 | VNQ | 부동산 | 105.24 | 1 | 105.24 | 40% | 40% |
| 채권 | IEF | 중기 채권 | 113.0 | 0.5 | 56.5 | 21% | 21% |
| 합계 | | | | | 263.44달러(31만 6128원 ) | | |

표45. 30만 원 포트폴리오(기준일: 2022.3.4., 환율 1200원 적용)

배당에서는 대표적인 배당 관련 종목이자 부동산 분야에 투자하는 VNQ ETF를 선택했습니다. 다른 배당성장 ETF도 있지만 성장에서 선택한 SPLG ETF가 S&P 500 지수를 추종하기 때문에 투자 기업 500개 중 배당 기업도 다수 포함돼 있어 많이 중복됩니다. 그래서 완전히 다른 성격의 투자 섹터인 부동산 분야를 선택했습니다.

채권에서는 단기, 중기, 장기 채권 중 배당률이 1% 이상 되면서 주가 변동성은 적은 중기 채권 ETF인 IEF를 선택했습니다. 배당이 적더라도 좀 더 보수적인 채권을 원한다면 단기 채권인 SHY ETF를, 반대의 경우에는 장기 채권인 TLT ETF를 고려해도 좋습니다.

투자 수량은 SPLG 2개, VNQ 1개, IEF 0.5개입니다. IEF 0.5개는 소수점 투자가 아닌 2개월에 한 번 매수하는 방식입니다. 채권 같은 경우는 주가 변동성이 작기 때문에 2개월에 한 번 매수해도 리스크가 크지 않아 괜찮습니다.

이 포트폴리오의 각 분야 비중을 보면 성장 39%, 배당 40%, 채권

21%로 안정적인 성향을 띕니다. 이렇게 금액이 적을 때는 리스크가 조금 높아지지만 수익률도 함께 높아지는 전략을 취해도 좋으니 개인 성향에 맞게 선택하면 됩니다. 나이가 어린 투자자에게 공격적인 투자 비중을 높이라는 조언을 하는 것과 동일한 이치입니다. 투자 기간이 길고 금액이 적으면 설령 손실이 있어도 만회하기가 덜 부담스럽기 때문입니다.

주가는 매일 변동되기 때문에 제가 책을 쓰는 시점의 주가와 독자가 이 책을 읽고 있는 시점의 주가는 다를 수 있습니다. 그럴 때는 수량을 변경해 비중을 조절하는 것이 좋습니다. 또한 지금의 포트폴리오보다 좀 더 보수적인 투자를 하고 싶다면 SPLG ETF를 2주에서 1주로 줄이고 VNQ와 IEF 비중을 높이면 됩니다. 단, 30만 원 포트폴리오는 수량이 적기 때문에 내용을 크게 바꾸는 것은 어려울 수 있습니다.

## 노후 준비 포트폴리오(적립식 50만 원)

우리는 보통 지금의 삶을 풍요롭고 즐겁게 살기 위해 소비를 합니다. 그래서인지 투자를 할 때도 가까운 미래의 행복을 추구하며 짧게 투자하는 경우가 많습니다. 하지만 편안한 노후를 누리기 위해서는 10년 이상 장기적인 관점의 투자가 필요합니다. 만약 투자 목적이 노후 대비라면 50만 원 적립식 포트폴리오로 투자를 시작해보는 것이 좋습니다.

50만 원 적립식 포트폴리오에는 성장, 배당, 채권, 원자재 네 가지 항목이 모두 알차게 들어가 있습니다. 이 포트폴리오는 단기간에 큰 수익을 내기는 어려울 수 있지만 손해를 볼 확률이 낮으며 수익을 복리로 불어나게 하는 데 유용합니다.

누구나 투자를 할 때 복리 효과를 꿈꾸지만 무조건 장기 투자를 한다고 그 효과가 나타나지는 않습니다. 10년에 한 번꼴로 발생하는 경제 위기에 손해를 보지 않고 수익 혹은 자산을 지켜야 복리를 이어갈 수 있습니다. 과거 QQQ ETF는 2000년 IT 버블 당시 고점 대비 75% 하락했습니다. 그리고 다시 원금을 회복하는 데 걸린 시간은 무려 15년이었습니다. 이때 QQQ ETF 한 종목에 올인하지 않고 금과 채권처럼 반대 성격을 지닌 자산에 함께 투자하고 있었다면 손해를 최소화하고 복리 효과를 누릴 수 있었을 것입니다.

50만 원 포트폴리오는 각각의 종목을 서로 보완한다는 측면에서 장기 투자에 적합합니다. 우선 성장에는 나스닥 100 지수를 추종하는 QQQM ETF를 넣었습니다. QQQ와 동일한 상품이지만 가격이 저렴합니다. 심지어 QQQ ETF의 총보수는 0.2%인데 반해 QQQM ETF의 총보수는 0.15%로 0.05% 더 저렴하기 때문에 QQQM를 선택하는 것이 좋습니다.

배당에서는 5장에서 소개한 부동산 분야 ETF인 VNQ를 넣고 QQQM

| 50만 원 포트폴리오 | | | | | | | | |
|---|---|---|---|---|---|---|---|---|
| 구분 | 티커 | 산업 | 현재가<br>(달러) | 수량 | 투자 금액<br>(달러) | 비중 | |
| 혁신/성장 | QQQM | 나스닥 100 | 138.78 | 1 | 138.8 | 33.4% | 33.4% |
| 배당 | SCHD | 금융/산업 | 77.64 | 1 | 77.6 | 18.7% | 44.0% |
| 배당 | VNQ | 부동산 | 105.24 | 1 | 105.2 | 25.3% | |
| 채권 | IEF | 중기 채권 | 113.0 | 0.5 | 56.5 | 13.6% | 13.6% |
| 원자재 | IAU | 금 | 37.4 | 1 | 37.4 | 9.0% | 9.0% |
| 합계 | | | | | 415.6달러(49만 8672원) | | |

표46. 50만 원 포트폴리오(기준일: 2022.3.4., 환율 1200원 적용)

의 부족한 부분을 채워줄 수 있는 분야를 추가할 것입니다. 특히 QQQM의 투자 섹터에는 금융 분야가 없기 때문에 금융 관련 기업의 비중이 높은 ETF를 선택하면 중복을 줄이고 분산투자 효과를 높일 수 있습니다. 앞서 소개한 배당성장 ETF였던 SCHD ETF가 이에 해당합니다. SCHD는 산업 분야에도 투자하고 있어 QQQM과 궁합이 좋습니다.

채권은 30만 원 포트폴리오에서 소개한 중기 채권 ETF인 IEF를 선정했습니다. 앞으로 설명할 포트폴리오에서 채권은 중기 채권으로 통일하도록 하겠습니다.

마지막으로 원자재에서는 금을 추가했는데요, GLD와 IAU 중 총보수가 0.15% 저렴한 IAU ETF를 선택했습니다. 0.15% 차이가 적다고 생각하는 사람이 있을 수 있습니다. 하지만 1억 원을 투자했다면 1년에 15만 원씩 차이가 생기고 10년이면 150만 원이 됩니다. 주가 상승을 배제한 수수료 차이를 단순 계산한 것으로 주가 상승분까지 반영하면 차이는 더욱 커질 것입니다. 그러니 같은 지수를 추종하는 상품이라면 반드시 총보수가 저렴한 ETF를 선택하는 것이 좋습니다.

분야별 투자 비중은 성장 33.4%, 배당 44.0%, 채권 13.6%, 원자재 9.0%입니다. 성장보다 배당 비중이 10.6% 정도 높은 안정적인 포트폴리오입니다. 여기서 채권과 금의 비중은 경제 위기가 오면 발동하는 안전자산에 대한 수요를 감안해 각각 10% 내외로 구성했습니다. 이 포트폴리오 역시 현재 상황과 나의 투자 성향에 맞게 수량을 변경해 비중을 조절하면 됩니다.


## 건강한 포트폴리오(적립식 100만 원)


30만 원, 50만 원 포트폴리오는 안정성을 높이기 위해 정석대로 포트폴리오를 구성했습니다. 이제 100만 원부터는 조금씩 나만의 색깔을 나타내도 좋습니다. 그렇다고 해서 기본 구성이 바뀌는 것은 아니고 어느 정도 정해진 틀 위에 다양한 블록을 얹는다고 보면 됩니다. 이렇게 기본 뼈대가 되는 종목으로는 50만 원 포트폴리오에 넣었던 QQQM, SCHD, VNQ, IEF, IAU가 있습니다.

| 100만 원 포트폴리오 | | | | | | | |
|---|---|---|---|---|---|---|---|
| 구분 | 티커 | 산업 | 현재가 (달러) | 수량 | 투자 금액 (달러) | 비중 | |
| 성장 | QQQM | 나스닥 100 | 138.78 | 2 | 277.6 | 33.9% | 43.6% |
| 혁신 | KRBN | 탄소배출권 | 39.91 | 2 | 79.8 | 9.7% | |
| 배당 | SCHD | 금융/산업 | 77.64 | 1 | 77.6 | 9.5% | 33.4% |
| 배당 | VNQ | 부동산 | 105.24 | 1 | 105.2 | 12.8% | |
| 배당 | VEA | 미국X | 45.47 | 2 | 90.9 | 11.1% | |
| 채권 | IEF | 중기 채권 | 113.0 | 1 | 113.0 | 13.8% | 13.8% |
| 원자재 | IAU | 금 | 37.4 | 2 | 74.8 | 9.1% | 9.1% |
| 합계 | | | | | 819.0달러(98만 2800원 ) | | |

표47. 100만 원 포트폴리오(기준일: 2022.3.4., 환율 1200원 적용)

성장 분야에서는 각자 앞으로 유망하다고 생각하는 분야를 고르면 되는데요, 앞서 살펴본 반도체, 클라우드, ESG, 메타버스, 사이버 보안 관련 ETF를 선택해도 좋고 평소 내가 꼭 투자하고 싶었던 분야가 있다면 그 분야의 ETF를 선택해도 괜찮습니다. 중요한 것은 내가 잘 이해할 수 있고 유망하다고 생각하는 분야를 선택하는 것입니다. 저는 앞으로 돈이 몰릴 것이 확실하고 다양한 국가에서 발 벗고 나서는 분야인 ESG 관련 산업에 관심이 많습니다. 그중에서도 탄소배출권에 투자하는 KRBN ETF를 선택하겠습니다.

배당 분야로 넘어오면 현재 미국에 있는 금융, 헬스케어, 부동산 등 다양한 배당 기업에 투자하는 종목인 SCHD, VNQ를 넣었습니다. 미국만 믿으면 조금 불안하니 여기에 미국 회사가 아닌 배당 기업에 투자하는 것도 좋은 방법이 될 수 있습니다. 저는 글로벌 배당 기업에 투자하는 VEA ETF를 선택했습니다. 이렇게 100만 원 포트폴리오에서는 두 가지 분야의 종목을 하나씩 추가합니다.

채권과 원자재 분야에서는 종목을 추가하기보다는 수량을 늘려서 비중을 맞추는 방법을 택했습니다. 그렇게 분야별 투자 비중을 보면 성장 43.6%, 배당 33.4%, 채권 13.8%, 원자재 9.1%로 구성됩니다.

여기서 참고할 사항이 있습니다. 100만 원 포트폴리오부터는 중기 채권을 2개월에 한 번이 아니라 매달 1주씩 매수하면 됩니다. 또한 추가된 종목은 한 종목당 비중을 10% 내외로 설정하는 것이 좋고 뼈대가 되는 종목도 최대 30%가 넘지 않게 설정하는 것이 밸런스에 좋습니다.

종목 수가 늘어나는 것이 부담스러우면 50만 원 포트폴리오를 2배로 늘려 100만 원 포트폴리오를 구성해도 됩니다. 다양하게 투자를 하든 보수적으로 투자를 하든 성장, 배당, 채권, 원자재 모든 분야에 투자를 고르게 해야 한다는 점, 채권과 원자재 투자 비중은 적어도 5% 이상 채우는 것이 안정적이라는 점만 기억하길 바랍니다.

# 집중투자 포트폴리오(적립식 300만 원)

300만 원부터는 더욱 다양한 포트폴리오를 구성할 수 있습니다. 투자 금액이 증가하는 만큼 선택 범위가 넓어지기 때문입니다. 따라서 이 포트폴리오에서는 맞춤 정장을 만들어간다고 생각하면 됩니다. 만약 600만 원 포트폴리오를 구성하고 싶다면 300만 원 포트폴리오 수량을 2배로 늘려서 투자하면 됩니다.

어떤 종목과 비중으로 포트폴리오를 구성하고 투자하느냐에 따라 수익률과 리스크의 변동성이 커질 수도 있고 작아질 수도 있습니다. 수익률과 리스크는 함께 증가하는 경향이 있기 때문에 리스크를 줄이면서 수익률을 높이는 타협점을 찾아야 합니다. 그리고 언제나 기준은 나의 투자 성향과 투자 기간이 돼야 하죠.

종목 수는 최대 12종목을 넘기지 않는 것이 좋습니다. 그 이상 넘어가면 관리하기 힘들 뿐만 아니라 주기적으로 리밸런싱을 진행할 때 어려움을 겪을 수 있습니다. ETF 자체가 이미 수백 개 기업에 분산해 투자하는 상품이므로 굳이 12개 이상을 넘기지 않아도 충분히 분산투자가 이뤄집니다.

100만 원 포트폴리오에서 추가되거나 변경된 부분만 설명하자면 성장에서는 탄소배출권에 투자하는 KRBN 대신 클라우드 산업에 투자하는 SKYY ETF를 선택했습니다. 또한 S&P 500 지수를 추종하는

| 300만 원 포트폴리오 | | | | | | | |
|---|---|---|---|---|---|---|---|
| 구분 | 티커 | 산업 | 현재가 (달러) | 수량 | 투자 금액 (달러) | 비중 | |
| 성장 | SKYY | 클라우드 | 83.04 | 2 | 166.1 | 6.6% | 38.7% |
| | QQQM | 나스닥 100 | 138.78 | 3 | 416.3 | 16.5% | |
| | VOO | S&P 500 | 397.34 | 1 | 397.3 | 15.7% | |
| 배당 | SCHD | 금융/산업 | 77.64 | 5 | 388.2 | 15.3% | 42.8% |
| | VNQ | 부동산 | 105.24 | 4 | 421.0 | 16.6% | |
| | VEA | 미국X | 45.47 | 6 | 272.8 | 10.8% | |
| 채권 | IEF | 중기 채권 | 103.0 | 1 | 103.0 | 4.1% | 9.6% |
| | TLT | 장기 채권 | 140.24 | 1 | 140.2 | 5.5% | |
| 원자재 | IAU | 금 | 37.4 | 6 | 224.4 | 8.9% | 8.9% |
| 합계 | | | | | 2529.4달러(303만 5256원 ) | | |

표48. 300만 원 포트폴리오(기준일: 2022.3.4., 환율 1200원 적용)

VOO ETF를 추가했습니다. 금액이 커진 만큼 더 다양한 성장주에 투자하는 동시에 미국의 대표 기업에도 투자하는 것입니다. 여기서 성장주지만 대형주가 아닌 중·소형주에 투자하고 싶다면 러셀 2000 지수를 추종하는 IWM ETF를 선택해도 좋습니다.

배당 분야에서는 다른 ETF를 넣어봐야 중복률만 높아지기 때문에 3개 ETF의 수량을 늘리는 방법을 선택했습니다. 이 중 배당성장률을 높이고 싶다면 SCHD 비중을, 부동산 비중을 늘리고 싶다면 VNQ 비중을, 미국 외 글로벌 배당 투자를 늘리고 싶다면 VEA 비중을 높이면 됩니다.

채권 분야에서는 금액이 커진 만큼 장기 채권까지 범위를 확장했습니다. 또한 원자재 분야에서는 금 투자 비중을 늘렸는데 은에 투자하고 싶다면 SLV ETF를 선택해도 좋습니다.

300만 원 포트폴리오의 투자 비중을 보면 성장 38.7%, 배당 42.8%, 채권 9.6%, 원자재 8.9%입니다. 채권과 원자재 분야는 10% 내외로 비중을 맞추고 배당 비중을 높였습니다. 배당 비중이 높은 이유는 추가 수익보다는 안정적인 수익 구조를 만들기 위함입니다. 이는 저처럼 잃는 것을 무엇보다 싫어하는 투자자에게 맞는 구성으로 자신의 투자 성향에 따라 성장과 배당 비중을 조금씩 조절하면 됩니다. 변동성에 강하고 수익을 즐기는 투자자라면 성장 분야에서 수량을 늘려 비중을 높여도 되고 반도체SOXX, 친환경ESGU, 사이버 보안CIBR 등 다양한 테마에 투자하는 ETF를 추가하는 것도 좋습니다.

## 소중한 내 자산을 지키는 포트폴리오(1000만 원 이상)

지금까지 살펴본 적립식 포트폴리오의 공통점을 눈치챘나요? 바로 튼튼한 뼈대를 세워두고 투자금이 늘어날수록 살을 붙여간다는 것입니다. 1000만 원 포트폴리오라고 해서 방법이 크게 다르지는 않습니다. 기본적으로는 300만 원 포트폴리오와 구조가 동일합니다.

1000만 원 포트폴리오는 목돈을 한 번에 투자하는 것이기 때문에 포트폴리오 구성보다는 투자 방법에 관해 이야기해보려고 합니다. 여러 번 언급했지만 목돈을 하루에 전부 투자하면 안 되겠죠? 당연히 분할매수를 해야 합니다. 정확한 저점을 잡아 매수하는 것이 아니라 꾸준히 나눠서 매수하면서 단가를 평균에 수렴하게 만드는 것입니다. 혹시라도 경제 위기나 큰 폭의 하락이 올 것을 기다리다가는 '미국증시 또 신고가 갱신'이라는 기사를 몇 번 접하다가 투자 기회를 놓쳐버릴 수 있습니다.

제가 사용하는 방법을 소개하자면 '고점 대비 하락률'을 보는 것입니다. 어느 기업이든 주가가 매일 올라갈 수는 없습니다. 언제나 조정을 겪고 다시 상승하기를 반복합니다. 최근 QQQ ETF의 고점 대비 하락률을 보면 2020년 3월 -27%, 2020년 10월 -13%, 2020년 11월 -8.5%, 2021년 3월 -11%, 2021년 6월 -7.3%, 2021년 9월 -7.9%, 2022년 2월 -18.4%를 기록했습니다. 코로나19를 제외하더라도 중간중간 −18%에서 -7%까지 하락했음을 볼 수 있습니다. 전체적으로 보면 우상향하고 있긴 하지만요.

그래서 저는 -5% 이상 하락하면 1차 매수, -10%일 때 2차 매수, -15%일 때 3차 매수, 이런 식으로 기준을 정해 꾸준히 분할매수를 진행합니다. 모든 투자는 우상향한다는 전제하에 눌림목이 올 때 매수하는 것입니다. 이 방법이 무조건 통한다고 할 수는 없지만 성공 확률이 높은 투자 방법이긴 합니다. 추가로 이동평균선, RSI(상대강도지수), MFI(자금 유출입 지표), MACD(이동평균수렴확산지수), 매물대 등 다양한 요소를 함께 확인하는 습관을 들이는 것도 좋습니다. 이런 기술적 분석과 관련된 내용은 11장에서 차트를 보며 자세히 말씀드리겠습니다.

1000만 원 포트폴리오는 300만 원 포트폴리오와 거의 동일합니다. 다만 성장 분야에서 클라우드 산업에 투자하는 SKYY ETF를 반도체에 투자하는 SOXX ETF로 변경했습니다. 반도체 산업을 선택한 이유는 현재 반도체 점유율 1위 기업인 TSMC부터 삼성전자, 인텔 등 다양한 반도체 기업들이 엄청난 자금을 투자하고 있기 때문입니다. TSMC

| 구분 | 티커 | 산업 | 현재가(달러) | 수량 | 투자 금액 (달러) | 비중 | |
|---|---|---|---|---|---|---|---|
| 1000만 원 포트폴리오 | | | | | | | |
| 성장 | SOXX | 반도체 | 449.36 | 2 | 898.7 | 10.8% | 40.2% |
| | QQQM | 나스닥 100 | 138.78 | 9 | 1249.0 | 15.0% | |
| | VOO | S&P 500 | 397.34 | 3 | 1192.0 | 14.3% | |
| 배당 | SCHD | 금융/산업 | 77.64 | 17 | 1319.9 | 15.9% | 42.0% |
| | VNQ | 부동산 | 105.24 | 12 | 1262.9 | 15.2% | |
| | VEA | 미국X | 45.47 | 20 | 909.4 | 10.9% | |
| 채권 | IEF | 중기 채권 | 103.0 | 3 | 309.0 | 3.7% | 8.8% |
| | TLT | 장기 채권 | 140.24 | 3 | 420.7 | 5.1% | |
| 원자재 | IAU | 금 | 37.4 | 20 | 748.0 | 9.0% | 9.0% |
| 합계 | | | | | 8309.6달러(997만 1568원) | | |

표49. 1000만 원 포트폴리오(기준일: 2022.3.4., 환율 1200원 적용)

는 앞으로 3년간 1000억 달러, 삼성전자는 10년간 171조 원, 인텔은 10년간 유럽에 400억 유로를 투자하겠다는 의지를 보였습니다. 또한 반도체 장비업체인 ASML 홀딩은 수주 물량이 2023년까지 가득 차 있는 상태입니다. 시장점유율이 높은 기업들이 투자금을 늘리며 공격적으로 공장과 설비를 확장한다는 것은 앞으로 그 산업의 시장 전망을 좋게 보고 있다는 의미입니다. 그리고 3사의 투자 금액을 보면 반도체 슈퍼사이클을 기대해도 좋을 시점에 와 있다고 생각됩니다. SOXX는 이런 반도체 시장 전반에 투자하는 상품으로 개별 기업에 투자하는 것보다 안정적인 선택일 수 있습니다. 이렇게 경제 흐름과 다양한 산업을 공부하면서 현재 시점에서 상승 모멘텀이 있는 산업에 투자하는 것이 좋은 선택입니다.

지금은 1000만 원을 놓고 이야기했지만 500만 원이라면 수량을 반으로 줄이고 1억 원이라면 수량을 10배로 늘려 투자를 진행하면 됩니다. 투자 종목을 늘리고 싶다면 2개 종목 정도를 추가하되 앞서 말한 것처럼 종목 수가 12개가 넘지 않게 할 것을 권장합니다. 반대로 종목을 줄이고 싶다면 앞에서 소개한 50만 원, 100만 원 포트폴리오를 참고해 뼈대가 되는 5개 ETF QQQM(성장), SCHD(배당), VNQ(배당), IEF(채권), IAU(금)를 기준으로 나머지 비중을 조절하는 것도 좋은 투자전략입니다.

가중 중요한 것은 오래오래 투자해 복리 효과를 누리는 것입니다. 내가 공부하지 않고 누군가가 알려줘서 포트폴리오를 만들면 위기가 왔을 때 불신이 생길 수밖에 없습니다. 그러면 위기를 버틸 힘이 없어지고 끝내 손절하는 상황이 벌어질 수 있습니다. "다시는 주식투자 하지 않겠다", "주식은 도박이다"라고 말하고 다니는 사람들이 그 예입니다. 하지만 S&P 500은 언제 매수했든 20년간 장기 투자를 했다면 손해를 본 역사가 없습니다. IT 버블 때 나스닥이 70% 넘게 하락했어도 결국 이를 뛰어넘는 상승이 찾아왔습니다. 이렇게 장기 투자로 발생하는 복리의 힘은 상상을 초월합니다. 그리고 앞으로도 비슷한 위기들은 계속 생길 것입니다. 나만의 포트폴리오라는 단단한 갑옷을 입은 당신이 그 위기의 생존자가 되길 바랍니다.

**정리하기　포트폴리오의 두 가지 필수 조건**

1. 나의 투자 성향 파악하기: 남이 좋다고 하는 종목이 아닌 나의 투자 성향에 맞춰 지치지 않고 장기적으로 투자할 수 있는 상품에 투자한다.
2. 투자 기간과 목표 설정하기: 적어도 5년 이상 명확한 투자 기간과 목표를 설정한다.

# ⑤ 10장 ⑤

# 연금저축
# 시작하기

## 연금저축 꼭 해야 할까?

과거 투자자에게 연금저축은 늘 찬밥 신세였습니다. 이제 막 취직한 사회 초년생들은 연금저축을 벌써부터 해야 할 필요가 없다고 여겼습니다. 반대로 곧 퇴직을 앞둔 사람들은 너무 늦었다고 포기하기 일쑤였습니다. 당장 필요한 것이 아니니 연금저축은 우선순위에서 뒤로 밀리기 십상이었죠.

그런데 최근 사회적으로 금융 공부의 중요성이 대두되면서 연금저축을 투자 수단으로 바라보는 인식이 생겼습니다. 특히 연금저축펀드로 ETF에 투자하는 개인이 많아졌습니다. 단적인 예로 미래에셋증권의 2018년 개인형 퇴직연금의 ETF 투자 금액은 178억 원으로 전체 비중의 2%밖에 되지 않았지만 2021년 5월 기준으로 투자 금액은 4656억 원, 비중은 13%까지 증가했습니다. 2년 5개월 만에 약 26배가 늘어난 셈이죠. 단순히 주식투자 바람이 불어 연금저축 금액이 증가했다기보다는 개인도 노후를 준비해야 한다는 생각과 좀 더 먼 미래를 바라보고 투자를 해야 한다는 인식이 자리 잡고 있는 것으로 보입니다.

우리는 이미 100세 시대를 맞이했습니다. 문제는 아무리 늦게 은퇴해도 70세에는 일을 그만둬야 한다는 것입니다. 그럼 적어도 30년은 근로소득이 아닌 자본소득과 금융소득으로 살아가야 합니다. 당신은 지금 노후 준비가 돼 있으신가요? 그렇지 않다면 지금부터 연금저축을 매달 납입하는 것이 가장 현명한 선택일 수 있습니다. 국민연금만으로 의식주를 해결하기에는 부족하므로 반드시 개인연금을 준비해야 합니다. 저 또한 연금저축을 30년 이상 꾸준히 납입할 예정입니다.

연금저축은 그 누구를 위해서도 아닌 나 자신을 위해 꼭 필요합니다. 조금 속상한 이야기일 수 있지만 두 가지 경우를 비교해보겠습니다.

A라는 사람은 매달 33만 원씩 연금저축을 넣어 70세부터 400만 원씩 연금을 받습니다. 반면 B라는 사람은 연금저축이 아니라 직접투자를 통해 10억 원의 노후 자금을 만들었습니다. 그리고 A, B 모두 70세에 은퇴를 했습니다. A는 매달 400만 원을 쓰면서 마음 편히 노후를

즐깁니다. 이번 달 연금에서 남은 금액으로 급등주를 매수했다가 모두 날렸지만 다음 달에 또 400만 원이 나올 테니 걱정이 없습니다. 반면 B 는 10억 원에서 매달 생활비로 400만 원을 소비합니다. 그러면서 노후 자금을 더 늘리기 위해 이 10억 원으로 투자도 계속하고 있습니다. 문제는 보유하고 있던 주식이 급락하면 하루에도 몇천만 원씩 자산이 줄어든다는 것입니다. 2022년 3월만 하더라도 나스닥 100 지수를 추종하는 QQQ가 고점 대비 21% 넘게 하락했죠. 이렇게 종종 주가가 20% 이상 하락하면 2억 원이 고스란히 손해로 다가오며 마음이 고통스러워집니다.

이제 A, B 둘 다 80세가 됐습니다. 두 사람은 몸이 쇠약해져 요양원에 들어가게 됐습니다. 요양원 비용은 월 300만 원입니다. A는 300만 원을 내고 남은 여윳돈 100만 원으로 매달 자식과 손자에게 용돈을 주고 맛있는 식사를 대접하며 즐거운 노후를 보냅니다. B는 10년 동안 계속 수식투자를 해서 다행히 2억 원을 더 벌었습니다. 하지만 그동안 매달 400만 원씩 4억 8000만 원을 생활비로 사용했기 때문에 실질적으로 남은 자산은 12억 원이 아닌 7억 2000만 원입니다. 이제 투자를 내려놓고 7억 2000만 원에서 매달 300만 원의 요양원 비용을 지불하며 여생을 보내려고 합니다. B는 자식과 손자에게 용돈을 주고 싶어도 20년간 요양원 비용으로 매달 300만 원을 지불하면 7억 2000만 원이 모두 사라질 것이 분명하기에 꾹 참습니다.

어느덧 A, B는 100세가 됐습니다. A는 이번 달에도 400만 원이 생겨 걱정 없이 건강 음료를 마시고 헬스케어를 받습니다. B는 20년간 7억 2000만 원을 요양원 비용으로 모두 소진했고 당장 다음 달부터는 요양원비를 낼 돈이 없습니다. 자녀와 손자에게 손을 벌리자니 해준 것도 없는 것 같고 눈치가 보여 차마 입이 떨어지지 않습니다.

조금 극단적인 예일 수도 있지만 A와 B의 이야기를 보며 노후를 어떻게 준비했는지에 따라 삶의 질이 달라진다는 점을 느꼈을 것입니다. 자녀 입장에서 이 사례를 보면 더 속상해집니다. A의 자녀는 A가 오래오래 자신과 함께 행복하게 살기를 바랄 것입니다. 반면 B의 자녀는 B의 10억 원이 점점 사라지는 것을 보며 무슨 생각을 했을까요? 현실은 정말 냉정합니다. 이래도 연금저축이 필요 없을까요?

연금저축은 단순히 투자를 통해 큰돈을 벌기보다는 내가 돈이 필요한 시기에 끊이지 않고 마르지 않는 샘을 만들기 위해 필요한 것입니다. 샘물이 고갈되지 않으려면 최대한 빨리 투자를 시작해 복리 효과를 누려야 합니다. 이때 연령에 따라 종목 비중은 다르게 설정하는 것이 좋습니다. 그럼 지금부터 연금저축에는 어떤 것이 있는지, 이와 관련해 우리가 알아야 할 내용은 무엇인지 자세히 살펴보겠습니다.

# 신탁, 펀드, 보험 중 뭘 할까?

개인연금저축을 해야겠다는 생각이 들었다면 세 가지 중 하나를 선택해야 합니다. 첫째로 연금저축신탁이 있습니다. 은행에서 가입할 수 있는 상품으로 우리가 잘 알고 있는 예금과 적금 형태로 돼 있습니다. 연금저축신탁은 투자라기보다는 돈을 모으는 개념의 상품입니다.

둘째, 보험 회사에서 가입하는 연금저축보험이 있습니다. 원금 보장형으로 회사에서 제공하는 상품에 가입하는 형태입니다. 정기 납입으로 일정 금액을 매달 꾸준히 넣어야 한다는 의무가 있지만 연금 수령 시 비과세 혜택을 누릴 수 있습니다.

마지막은 주로 증권사에서 가입하는 연금저축펀드입니다. 저는 이 연금저축펀드에 가입했습니다. 연금저축펀드는 자유적립식이고 연금으로 내가 원하는 ETF를 원하는 시기에 원하는 수량만큼 주식처럼 거래할 수 있습니다.

각자의 투자 성향에 따라 세 가지 중 하나를 선택을 하면 됩니다. 이때 수익률과 수수료를 고려하면 연금저축펀드가 이점이 가장 많습니다. 직접 개인연금 포트폴리오를 구축해 매달 일정 금액을 연금저축에 넣다 보면 돈 모으는 재미와 장기 투자에 대한 매력을 모두 느끼게 될 것입니다.

# 연금저축펀드와 세금

연금저축펀드는 주식계좌를 개설할 때와 마찬가지로 증권사 애플리케이션을 이용하거나 지점에 방문해 연금저축펀드계좌를 개설해서 시작하면 됩니다. 거래하는 방법도 주식투자와 동일한데, 단 연금저축펀드로 거래할 수 있는 종목이 있고 아닌 종목이 있습니다. 예를 들어 QQQ, VOO와 같이 미국에 상장된 ETF는 거래할 수 없습니다. 하지만 이와 동일한 지수를 추종하면서도 한국에 상장된 KINDEX 미국나스닥100, TIGER 미국S&P500은 거래할 수 있습니다.

연금저축펀드의 장점은 무엇일까요? 돈을 벌고 투자를 하고 자산을 늘려가는 가장 근본적인 이유는 행복 추구입니다. 그리고 행복의 필수 조건은 월급같이 매달 들어오는 돈입니다. 물론 배당주에 투자하면 분배금을 받을 수 있고 부동산에 투자하면 월세를 받을 수 있습니다. 하지만 이 중에서 연금저축을 꾸준히 넣는 것만큼 정부 지원을 받을 수 있는 것은 없습니다.

국내 배당주는 배당금을 받을 때마다 매번 15.4%의 배당소득세를 내야 합니다. 부동산은 취등록세와 보유세를 내야 합니다. 하지만 연금저축은 오히려 1년에 400만 원까지 세액공제 혜택을 받을 수 있습니다. 연 소득이 5500만 원 이하라면 공제율 16.5%가 적용돼 66만 원을 연말정산으로 공제받을 수 있고 연 소득 5500만 원 이상이면 공제율

13.2%가 적용돼 52만 8000원을 공제받을 수 있습니다.

여기까지 읽으면 '소득이 없는 주부, 학생, 아르바이트생 같은 경우에는 연금저축을 하지 말아야 하나' 하고 생각할 수 있지만 연금저축펀드에는 세액공제보다 더 큰 혜택이 있습니다. 바로 '과세이연' 효과입니다.

쉽게 설명하기 위해 미국 주식에 직접투자할 때와 연금저축으로 투자할 때를 비교해보겠습니다. 해외 주식계좌로 QQQ ETF를 매수하고 연금저축계좌로 TIGER 미국나스닥100 ETF를 매수했다고 가정하겠습니다. 둘 다 나스닥 100 지수를 추종하기 때문에 수익률 역시 비슷합니다. 1억 원을 투자하고 20년 뒤 4억 원의 수익이 나서 총 5억 원의 자산이 생겼습니다. 즐거운 상상이죠? 여기에 세금은 어떻게 부과될까요?

QQQ ETF는 수익 4억 원에 대한 양도소득세를 내야 합니다. 우선 250만 원을 공제받고 3억 9750만 원에서 22%의 세금을 내야 하는데 그 금액이 자그마치 8745만 원입니다. 많이 번 만큼 세금도 많이 내야 하는 것이죠. 물론 연금저축에 있는 TIGER 미국나스닥100 ETF를 매도하는 경우에도 소득세를 내야 합니다. 연금저축은 전체 금액에서 세금을 내야 하므로 4억 원이 아니라 5억 원에 대한 세금을 계산해야 하고 세율은 연금 수령 나이에 따라 3.3~5.5%까지 구분이 됩니다(56세 이상 5.5%, 71세 이상 4.4%, 81세 이상 3.3%). 이때 가장 높은 5.5%로 계산

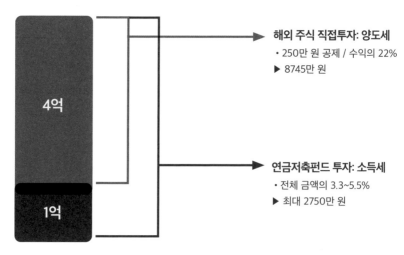

표50. 연금저축펀드와 해외 주식 직접투자의 세금 비교

해도 소득세가 2750만 원밖에 되지 않습니다. 직접투자와 비교했을 때 6000만 원이나 적은 금액입니다. 수익이 크면 클수록 이 세금도 더 큰 차이가 납니다.

따라서 해외 ETF에 장기 투자를 할 생각이라면 해외 주식에 직접투자하는 것보다 연금저축펀드를 통해 투자하는 것이 좋습니다. 포트폴리오를 만들어 매년 세액을 공제받을 수 있는 400만 원(월 33만 3000원)을 채우면 더욱 좋습니다. 이때 만약 모든 돈을 연금저축에 투자해야겠다고 생각한다면 두 가지 조건을 추가로 생각해봐야 합니다.

첫째는 연금 수령 나이입니다. 연금은 만 55세부터 수령이 가능하니 1~2년 단기 투자할 마음으로 접근하면 안 됩니다. 혹시라도 연금저축을 중도에 해지할 경우 16.5%의 기타소득세가 부과됩니다. 그러면 해외에 직접투자할 때보다 좋을 것이 없습니다. 따라서 연금저축펀드에 무조건 많이 투자하기보다는 내 자산에 부담이 가지 않는 선에서 적절한 금액을 매달 납입하는 것이 가장 효율적입니다.

둘째는 납입 한도입니다. 좋은 혜택에는 언제나 한도가 있기 마련이죠. 연금저축도 마찬가지입니다. 연금저축의 납입 한도는 연 1800만 원으로 계좌를 여러 개 만들어도 한도는 가입자 1명에 한정해 계산합니다.

연금저축에 투자할 때는 반드시 이 두 가지 조건을 고려해 내가 납입할 수 있는 금액과 기간을 계산해보길 바랍니다.


## 연금저축펀드로 어디에 투자할까?

그렇다면 연금저축펀드로 어디에 투자를 해야 할까요? 연금저축을 투자할 때는 노후를 준비하기 위해 적어도 10년 이상 투자하는 것이 일반적입니다. 따라서 일반 계좌에서 거래할 때와는 조금 다른 관점으로 투자를 바라볼 필요가 있습니다.

연금저축펀드를 다룰 때는 거시적인 관점에서 투자를 생각해야 합니다. 어떤 종목 혹은 어떤 테마가 좋은지 생각하는 것은 10년 뒤 어떤 기업이 시가총액 1위를 할지 맞히는 것과 비슷한 일입니다. 2000년 시가총액 1위 기업은 시스코였고 2위는 마이크로소프트, 3위는 노키아였습니다. 반면 2022년에는 1위가 애플, 2위가 마이크로소프트, 3위가 사우디 아람코입니다. 과연 2000년의 투자자들은 지금 이 상황을 예측할 수 있었을까요? 그리고 2020년대 투자자들이 2040년을 내다볼 수 있을까요? 저는 절대로 불가능하다고 생각합니다.

하지만 나스닥 100 지수 ETF에 투자한다면 이야기가 달라집니다. 2022년이든 2040년이든 미국 시가총액 상위 기업, 그것도 기술주에 투자를 하게 됩니다. 어떤 기업이 새롭게 등장하고 어떤 기업이 망해서 없어질지는 모르지만 이 모든 과정을 지켜보며 시대의 흐름에 맞게 투자할 수 있습니다. 이것이 지수 추종 ETF 투자의 장점이며 장기 투자 관점에서 선택해야 할 방법입니다. 연금저축펀드 역시 지수를 추종하는 상품으로 구성하는 것이 바람직합니다.

## 연금저축펀드 ETF 포트폴리오

그렇다면 세액공제 혜택과 노후 준비를 모두 노리기 위해 월 33만 3000원씩 연금저축펀드로 투자하는 방법을 알아보겠습니다. 앞서 이야기한 것처럼 지수 추종 ETF를 주축으로 포트폴리오를 구축할 것이고 특히 IT 버블이나 리먼 브러더스 사태 같은 경제 위기가 닥쳤을 때도 리스크를 관리할 수 있는 상품을 살펴볼 것입니다.

한국에 상장된 해외 ETF는 대부분 상장한 지 몇 년 되지 않아 1~2만 원으로 매수가 가능합니다. 따라서 포트폴리오를 구성할 때도 큰 어려움이 없는 편이라 월 33만 3000원이면 배당, 성장, 채권, 원자재 4곳 모두 분산투자가 가능합니다.

먼저 TIGER 미국S&P500 ETF가 있습니다. 이름에서 알 수 있듯이 미국 전체 시장에 투자할 수 있는 종목입니다. S&P 500 지수를 추종하는 ETF로 앞에서 소개한 SPY, VOO, IVV, SPLG와 동일한 지수를 추종하고 있고 수익률 또한 동일하게 움직이지만 약간의 오차는 발생할 수 있습니다. 가끔 어젯밤 미국증시는 폭등했는데 국내 상장된 S&P 500 지수 추종 ETF 주가는 동일하게 움직이지 않는 모습을 본 경우가 있을 것입니다. 이는 미국 주식시장이 끝나고 움직이는 선물지수가 하락한 것이 원인일 수 있습니다. 반대로 미국장이 끝나고 호재가 있어 시간 외 폭등이 일어나거나 선물지수가 오른 것이 한국에서 선반영돼 주가가 상승하는 경우도 있습니다. 그날그날만 보면 가격에 차이가 나는 것처럼 보이지만 결국은 동일하게 움직이니 크게 동요하지 않아도 됩니다.

둘째로 KINDEX 미국나스닥100 ETF입니다. 미국 기술주에 투자하는 종목으로 QQQ, QQQM과 동일하게 나스닥 100 지수를 추종합니다. 나스닥 100 지수에 대한 설명은 앞에서 많이 했기 때문에 생략하겠습니다.

세 번째는 G2 국가 중 하나인 중국에 투자하는 종목인데요, 대표적인 ETF로 TIGER 차이나CSI300 ETF가 있습니다. 중국에 상장된 주요 기업 300개에 투자하는 종목으로 중국 본토에 투자할 수 있는 ETF입니다. 대표적인 기업으로 마오타이 주류를 판매하는 귀주 마오타이, 중국 개인 금융 서비스를 제공하는 평안 보험, 중국 대표 바이오 기업인 항서제약도 CSI 300 지수에 포함됩니다. 만약 중국 주식은 투자 리스크가 너무 크고 정부 정책으로 기업의 생사가 결정된다는 점이 마음에 들지 않는다면 미국에만 투자해도 됩니다. 혹은 중국만큼 인구가 많고 신흥국 강자인 인도에 투자하는 방법도 있는데요, 국내 상장된 종목으로는 KOSEF 인도Nifty50이 있습니다.

채권으로 넘어오면 중기 채권 IEF와 비슷한 TIGER 미국채10년선물 ETF가 있습니다.

마지막으로 원자재인 금 ETF는 KODEX 골드선물(H)가 있습니다. 이름 뒤에 (H)가 붙으면 환율 헤지 상품으로 환율 변동과 상관없이 금 시세에 따라 움직이는 상품입니다.

수량은 [표51]과 같이 매수하면 주식 69%, 채권 15%, 원자재 16% 비중으로 투자할 수 있습니다. 여기서 중국 주식에 투자하는 것이 꺼려진다면 TIGER 차이나CSI300 ETF에 투자하는 비중만큼 나스닥

| 연금저축 33만 원 포트폴리오 | | | | | | | |
|---|---|---|---|---|---|---|---|
| 구분 | 종목명 | 산업 | 현재가(원) | 수량 | 투자 금액(원) | 비중 | |
| 주식 | TIGER 차이나CSI300 | 중국 | 1만 1245 | 5 | 5만 6225 | 17% | 69% |
| | TIGER 미국S&P500 | S&P 500 | 1만 3285 | 7 | 9만 2995 | 28% | |
| | KINDEX 미국나스닥100 | 나스닥 100 | 1만 3040 | 6 | 7만 8240 | 24% | |
| 채권 | TIGER 미국채10년선물 | 중기 채권 | 1만 2100 | 4 | 4만 8400 | 15% | 15% |
| 원자재 | KODEX 골드선물(H) | 금 | 1만 3070 | 4 | 5만 2280 | 16% | 16% |
| 합계 | | | | | 32만 8140원 | | |

표51. 연금저축 33만 원 포트폴리오(기준일: 2022.3.4.)

100과 S&P 500으로 분산해 투자해도 좋습니다. 또한 연금저축펀드의 경우 대부분 60세 이후부터 수령하는 것을 목표로 투자하기 때문에 투자 기간이 일반 주식투자보다 상대적으로 길 가능성이 큽니다. 이럴 경우 주식 비중을 좀 더 높여도 됩니다.

## 연령에 따른 연금저축펀드 투자 비중

연금저축의 목적은 안정적인 노후를 위한 충분한 자금을 확보하는 것입니다. 목적을 달성하려면 투자도 잘해야 하지만 연령에 맞게 종목별 비중을 조절하는 것도 중요합니다. 지금 연금저축을 막 시작한 30대 초반 사회 초년생과 10년 안에 연금을 수령해야 하는 50대 후반은 투

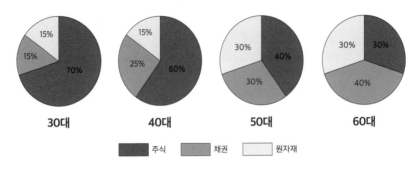

표52. 연령별 주식, 채권, 원자재 비중 설정

자 전략이 달라야겠죠.

30대 초반은 30년 넘게 장기 투자를 할 수 있으니 주식에 많은 비중을 실을 수 있지만 가까운 미래에 은퇴를 앞둔 투자자는 언제 어떤 위기가 올지 모르기 때문에 주식 비중을 마냥 높여선 안 됩니다. 혹여나 은퇴할 무렵에 경제 위기가 닥치면 정말 곤란한 상황이 벌어질 수도 있습니다. 그래서 연령이 높을수록 안전자산의 비중을 함께 높이는 방향으로 포트폴리오를 구성하는 것이 좋습니다.

투자 성향에 따라 비중은 달라지겠지만 지금 40대라면 적어도 10년 뒤에는 주식 비중을 지금보다 적게 가져가는 것이 좋습니다. 특히 연금을 수령할 시기에 주식 비중이 70% 이상이라면 꼭 줄이길 권합니다. 이 시기에 경제가 호황이라면 당연히 주식 비중이 높은 만큼 수익도 크겠지만 경기 침체기라면 가슴 아픈 상황을 겪게 될 수 있으니 시간이 흐를수록 채권과 원자재 같은 안전자산을 늘려가는 것이 좋습니다. [표52]에서 연령별 주식, 채권, 원자재 비중 기준을 설정해봤습니다. 이 표를 토대로 내 투자 성향과 상황에 맞게 포트폴리오를 수정해 은퇴 후 든든한 노후를 맞이하길 바랍니다.

**정리하기** **연금저축펀드 투자 방법**

1. 자유적립식. 계좌의 돈으로 내가 원하는 ETF를 주식처럼 거래할 수 있다.
2. 국내 상장된 상품만 거래할 수 있다.
3. 1년에 400만 원까지 세액공제 혜택이 있다.
4. 연금 수령 나이에 따라 전체 금액의 3.3~5.5%만 세금으로 내면 된다.
5. 성장, 배당, 채권, 원자재에 분산투자하자.

# ⑤ 11장 ⑤

# 포트폴리오 리밸런싱과
# 매매전략

## 리밸런싱의 두 가지 종류

포트폴리오를 구성하고 나면 나만의 투자전략을 만든 것 같아 뿌듯해질 것입니다. 그러면서 마음 한구석에서는 '정말 이대로 모아가면 내 자산이 쌓일까?' 하는 의문이 들기도 할 것입니다. 당연한 일입니다. 미래는 아무도 모르니까요. 그래서 꾸준히 시장을 모니터링하고 내 자산이 무럭무럭 자라나고 있는지, 어딘가 썩지는 않았는지 지켜봐야 합니다.

　귀찮다고요? 투자의 대가 버핏 역시 투자 공부를 멈추지 않습니다. 자신이 투자하는 기업들이 일을 잘하고 있는지 지켜보면서 거래를 쉬지 않습니다. 버핏의 포트폴리오는 분기에 한 번씩 투자 결과가 공개됩니다. 2021년 3분기에는 헬스케어 기업 머크 그룹을 전량 매도하고 애브비의 비중을 29%로 줄였습니다. 4분기에는 에너지 기업 셰브론을 추가 매수했고 2022년 3월에는 옥시덴탈 페트롤리움의 신규 매수까지 진행했습니다.

버핏도 꾸준히 포트폴리오를 점검하는데 당연히 우리도 스스로 만든 포트폴리오의 비중을 조절하면서 시장 변화에 대응해야겠죠? 다행히 우리는 ETF로 포트폴리오를 만들었으니 버핏보다 분산투자 효과를 크게 누릴 수 있습니다. 여기에 더해 주기적으로 리밸런싱을 한다면 리스크를 더욱 줄일 수 있습니다.

리밸런싱은 크게 두 가지로 구분할 수 있습니다. 첫째, 정기 리밸런싱입니다. 날짜를 지정해 6개월 혹은 1년에 한 번 진행하는데요, 초기에 설정한 투자 비중에서 틀어진 부분을 조정하는 과정입니다. 예를 들어 100만 원 포트폴리오에서 QQQM ETF 비중을 20%로 설정하고 있었는데 6개월 뒤 25%가 됐다면 5%를 수익 실현해 20%로 맞추는 것입니다. 그리고 비중이 줄어든 다른 종목을 매수해 원래 비중으로 리밸런싱을 진행합니다. 이 작업을 통해 상승한 종목에서 수익 실현이 가능하며 상대적으로 저렴해진 종목을 저점에 추가 매수할 수 있는 효과를 얻는 한편 포트폴리오도 다시 밸런스를 찾게 됩니다.

둘째로 수시 리밸런싱이 있습니다. 보유하고 있는 종목의 주가가 갑자기 하락하거나 폭등해 7% 이상 변동성이 발생했을 때 즉시 리밸런싱을 진행합니다. 이런 일이 자주 일어나지는 않습니다. 대부분 경제 위기 때 발생하죠. 가까운 예로 2020년 3월 코로나19로 인해 채권은 상승하고 주식이 하락하면서 10% 이상 변동성이 생겼습니다. 이럴 때 변동된 비중만큼 매매를 통해 다시 비중을 맞춰주는데 리밸런싱으로 저점에 주식을 매수하면서 수익률을 높일 수 있었습니다.

요즘은 증시 변동성이 크기 때문에 정기 리밸런싱의 경우 1년보다는 6개월에 한 번씩 실시하는 것이 좋습니다. 1년에 한 번 리밸런싱을 진행해도 큰 상관은 없지만 1년이든 6개월이든 잊지 말고 꼭 리밸런싱을 해야 합니다.

## 30만 원 포트폴리오 리밸런싱하기

리밸런싱을 실제로 어떻게 하는지 30만 원 포트폴리오를 기준으로 설명해보겠습니다. 30만 원 포트폴리오에서는 3개 종목에 투자했고 비중은 [표53]처럼 SPLG 50%, VNQ 30%, IEF 20% 기준으로 설정했습니다.

만약 이 표에 따라 6개월간 30만 원씩 투자했다면 원금은 SPLG가 90만 원, VNQ가 54만 원, IEF가 36만 원이 됐을 것입니다. 평가금액

| 30만 원 포트폴리오 | | | | | | | | |
|---|---|---|---|---|---|---|---|---|
| 종목 | 기준 비중 | 1개월 | 6개월 | | | 리밸런싱 | | |
| | | | 원금 | 평가금액 | 비중 | 비중 조절 | 평가금액 | 비중 |
| SPLG | 50% | 15만 원 | 90만 원 | 110만 원 | 55% | -5%(-10만 원) | 100만 원 | 50% |
| VNQ | 30% | 9만 원 | 54만 원 | 58만 원 | 29% | 1%(2만 원) | 60만 원 | 30% |
| IEF | 20% | 6만 원 | 36만 원 | 32만 원 | 16% | 4%(8만 원) | 40만 원 | 20% |
| 합계 | | 30만 원 | 180만 원 | 200만 원 | 100% | - | 200만 원 | 100% |

표53. 30만 원 포트폴리오 리밸런싱 예시

은 그때그때 수익률에 따라 움직이지만 여기서는 SPLG는 20만 원 수익, VNQ는 4만 원 수익, IEF는 4만 원 손해인 상태라고 가정해보겠습니다. 그럼 6개월 뒤 원금은 180만 원, 수익은 20만 원으로 총자산은 200만 원이 됐겠네요.

자, 이제 리밸런싱을 진행할 차례입니다. 각 종목별 기준 비중이 SPLG 50%, VNQ 30%, IEF 20%인데 SPLG +5%, VNQ -1%, IEF -4%로 차이가 생겼죠. 이제 기준에 맞게 SPLG에서 5%를 매도하고 VNQ와 IEF에서 각각 1%, 4%를 매수해 원래 비중을 맞춰줍니다. 물론 각 종목마다 단가와 수량이 다르기 때문에 비중을 완전히 똑같이 맞출 수는 없지만 최대한 기준 오차를 줄이며 작업을 해야 합니다.

초기에는 리밸런싱 시기가 되면 종목을 매도하기보다 매달 적립식으로 투자하는 30만 원에 기준을 맞추는 것이 좋습니다. 매매할 때는 거래세가 발생하므로 최대한 거래를 적게 하는 것이 좋기 때문입니다.

그런데 30만 원씩 10년을 적립식으로 투자하면 원금은 3600만 원이 되고 수익을 합친 총자산은 그것보다 더 클 것입니다. 이렇게 일정 시간이 지나면 매달 적립식으로 넣는 30만 원으로는 비중을 맞추기 어려운 시기가 옵니다. 그럴 때는 어쩔 수 없이 상승한 종목을 매도하고 하락한 종목을 매수해야 합니다. 이런 작업을 주기적으로 6개월 혹은 1년에 한 번씩 진행하는 것이 리밸런싱입니다.

추가로 주가 등락 폭이 큰 경우, 보통 경제 위기로 인한 하락장이 발생해 초기에 설정한 비중 기준에서 7% 이상 벗어나면 즉시 리밸런싱을 진행합니다. 위기가 곧 기회란 말이 있듯이 위기에 잘 대응하면 포트폴리오를 더욱 견고하게 가져갈 수 있습니다.

모든 ETF는 운용사에서 주기적으로 리밸런싱을 진행합니다. 보통 3개월에 한 번 분기별로 리밸런싱을 하죠. 그러다 보니 '종목마다 자체적으로 리밸런싱을 하는데 굳이 내가 또 해야 하나' 하는 생각이 들 수도 있습니다. 하지만 ETF가 투자전략에 맞춰 비중과 종목을 교체하듯 우리도 그 종목이 내 계좌 전체의 투자전략에 맞게 운영되는지 확인해야 합니다. ETF가 자체적으로 진행한 리밸런싱은 내 포트폴리오를 고려하지 않은 리밸런싱이니 말입니다.

# 매수와 매도, 언제 해야 할까?

자, 이제 다양한 ETF, 금액별 포트폴리오 구성 그리고 연금저축 포트폴리오까지 알아봤습니다. 여기까지 읽고 나면 주식을 언제 어떻게 사야 싸게 사는 것이고 언제 팔아야 좋은지 궁금해졌을 것입니다. 매수는 기술이고 매도는 예술이란 말이 있듯이 매도는 생각보다 어려운 작업입니다. 우상향하는 종목은 매도가 늦으면 늦을수록 수익률이 높아지는 것도 사실입니다. 버핏이 코카콜라 컴퍼니 주식을 지금까지 들고 있는 이유도 여기에 있습니다.

사실 저는 돈이 꼭 필요할 때가 아니면 매수만 하고 매도는 하지 않습니다. 그래서 저에게 매도 시점은 돈이 필요한 순간입니다. 리밸런싱을 위한 매도는 하지만 수익을 실현한 것이 아니라 다른 종목으로 재매수를 진행하기 때문에 매도라고 보기는 애매하죠.

매수는 이와는 조금 다른 영역이라고 할 수 있습니다. 최대한 싸게 사면 좋은 것이고 작게는 1%에서 크게는 10%까지 금액 차이가 날 수 있으니 기술적 분석이 필요합니다. 모든 주식은 지금이 가장 싸니 당장 사야 한다고 이야기하는 사람도 간혹 있지만 그보다는 조급해하지 않는 것이 더 중요합니다. 늦게 시작했다고 해서 절대 뒤처지는 것이 아닙니다. 올바른 방향으로 가고 있다면 늦게 시작해도 충분히 부를 쌓을 수 있습니다. 반대로 잘못된 방향으로 투자를 한다면 손에 쥔

모래알처럼 자산이 손가락 사이로 빠져나갈지도 모릅니다. 인생에서와 마찬가지로 투자에서도 속도보다 방향이 중요하다는 점을 반드시 인지하길 바랍니다. 여기서 올바른 방향이란 내가 갖고 있는 투자전략 즉, 포트폴리오를 어떻게 구성했고 그 비중이 어떻게 되는지 아는 것입니다.

## 차트를 보면 하수라고?

ETF 안에도 기업이 있고 기업의 미래가치에 따라 ETF의 주가가 함께 움직입니다. 따라서 ETF에 투자하려면 그 종목에 포함된 기업의 면면을 살펴봐야 합니다. 특히 매수를 할 때는 더욱 신중하게 확인해야 합니다.

어떤 사람들은 차트를 보면 하수라고 합니다. 물론 기업에 투자할 때는 당연히 가치평가를 해야 합니다. 그 기업의 사업 영역, 연구 개발 능력, 매출, 영업이익, 현금흐름 등 다양한 지표를 분석하고 미래가치를 평가해야 하죠. 하지만 여기에는 함정이 있습니다. 가령 애플의 주가가 현재 150달러인데 2025년까지 메타버스와 관련된 AR글래스와 자율주행 애플카를 개발해 미래가치가 2배 성장할 것으로 분석했다고 쳐봅시다. 그럼 주가가 300달러가 될 테니 지금 당장 매수해야 할까요?

꼭 그런 것은 아닙니다. 2025년까지 2배 성장을 하더라도 쭉 성장만 하는 것이 아니라 그 안에서 크고 작은 굴곡을 만들면서 주가가 상승할 것입니다. 그리고 그 굴곡 안에서 최대한 저렴하게 매수를 할 수 있도록 돕는 도구가 바로 기술적 평가입니다.

기술적 평가란 이동평균선, 차트, 거래량, RSI, MACD, 불린저밴드 등 다양한 지표들을 보며 저점을 추적하는 것입니다. 그리고 매수를할 때 그 결과를 활용해 최대한 저렴한 지점에서 분할매수를 하면 됩니다. 정리하자면 투자를 할 때는 가치평가를 기반으로 해당 산업과 기업을 선정하되 기술적 평가를 통해 매수를 해야 합니다.

'지금 우리는 ETF에 투자하는데 군이 차트를 봐야 하나?' 하고 생각할 수도 있습니다. 하지만 ETF 차트라고 해도 기업을 기반으로 변동성이 발생하기 때문에 같은 흐름을 갖고 있고 차트 또한 비슷하게 흘러

그림31. 가치평가와 기술적 평가의 차이

갑니다. 해당 ETF가 투자하는 산업의 미래 전망이 좋고 앞으로 산업 규모가 커지리라고 예상된다면 기술적 평가를 통해 최대한 저렴하게 주식을 매수하는 것이 좋습니다. 지금부터 이야기하는 기술적 평가는 개별 주식과 ETF에 동일하게 적용되는 기술입니다. 기술적 분석 도구는 매우 다양하지만 이 책에서는 제가 보는 네 가지를 위주로 설명해 보겠습니다.

# 캔들차트 읽기

기술적 분석 도구로는 먼저 캔들차트가 있습니다. 캔들차트란 간단히 설명하면 캔들(초) 모양의 차트로 보통 종목이 하루 동안 보이는 주가 흐름을 1개의 캔들로 표시합니다.

캔들을 이해하려면 시가, 고가, 저가, 종가를 알아야 합니다. 시가는 하루의 시작을 알리는 가격, 고가는 하루 중 최고가격, 저가는 하루 중 최저가격, 종가는 하루의 끝을 알리는 가격을 뜻합니다. 시가와 종가는 캔들의 몸통으로, 고가와 저가는 선으로 연결합니다.

연결한 선의 아래가 길면 밑꼬리가 길다고 이야기합니다. 이는 하루 동안 누군가 주식을 많이 팔아서 가격이 내려갔다가 누군가 많이 사들여 다시 가격이 올라왔다는 뜻입니다. 파는 사람과 사는 사람의 줄다

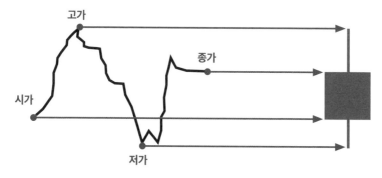

그림32. 캔들차트의 의미

리기에서 사는 사람이 이겼다는 의미로 '매수세가 강했다'고 표현합니다. 좋은 모습의 차트죠.

반대로 위쪽선이 길면 위꼬리가 길다고 이야기합니다. 이는 사는 사람보다 파는 사람이 더 많았다는 뜻입니다. 누군가 계속 사들이는데 그것보다 더 많이 내던진 것이니 '매도세가 강했다'고 표현합니다. 그래서 위꼬리가 긴 차트는 바람직한 신호로 읽지는 않습니다.

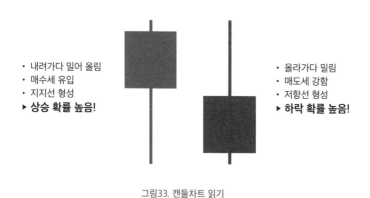

- 내려가다 밀어 올림
- 매수세 유입
- 지지선 형성
▸ **상승 확률 높음!**

- 올라가다 밀림
- 매도세 강함
- 저항선 형성
▸ **하락 확률 높음!**

그림33. 캔들차트 읽기

하루의 흐름을 1개의 캔들로 나타낸 것을 일봉차트, 일주일의 흐름을 1개의 캔들로 나타낸 것을 주봉차트, 한 달의 흐름을 1개의 캔들로 나타낸 것을 월봉차트라고 합니다. 일봉, 주봉, 월봉차트순으로 차트를 함축해서 보면 더욱 정교한 차트가 구성됩니다. 여기서는 매매 포인트를 잡기 위해 변동을 바로 확인할 수 있는 일봉차트를 기준으로 설명하겠습니다.

## 네 가지 매수 포인트

기술적 분석의 첫 번째는 캔들차트의 흐름을 읽는 것입니다. 캔들차트를 분석하는 방법과 이론은 다양하지만 제가 주로 살펴보는 것은 캔들의 모양과 차트 바닥 부분에서 형성되는 흐름입니다.

캔들은 그날의 거래에 담긴 투자자들의 심리를 보여줍니다. 특히 캔들의 밑꼬리는 심리적 지지선이 형성되는 구간입니다. 해당 가격에서 강한 매수가 들어왔다는 것이니 그 밑으로 더 하락할 확률은 줄어들게 됩니다.

바닥 부분에서 형성되는 차트는 바닥을 두 번 터치하는 경우가 많은데 이것이 일명 '쌍바닥'이라 불리는 캔들차트입니다. 두 번째 바닥을 형성할 때 첫 번째 바닥보다 높은 곳에서 상승점이 나오는 것이 가장

그림34. 쌍바닥 캔들차트(기간: 2021.1.20.~2021.11.26.)

좋은데 이는 첫 번째 바닥이 지지선으로 작용하고 있다는 증거가 되기도 합니다. 두 바닥 모두 더는 내려가기 힘든 자리임을 뜻하며 이런 구간이 저점에서 매수하는 포인트입니다.

[그림34]의 애플 차트를 보면 2021년 상반기 두 번의 쌍바닥이 만들어졌습니다. 둘 다 두 번째 바닥이 첫 번째보다 높았고 강력한 지지선으로 작용했습니다. 2021년 10월에도 쌍바닥을 한 번 만들었죠. 이렇게 차트가 쌍바닥을 만들 때는 두 번째 바닥까지 확인한 뒤 상승하는 모습을 보고 분할매수하는 것이 좋습니다. 두 번째 바닥을 보지 못하고 첫 번째에 매수했다가 추가 하락을 면치 못하는 기업도 있기 때문에 웬만하면 두 번째 바닥까지 확인해야 합니다.

간혹 V자 반등이라고 해서 한 번에 튀어 올라가는 차트도 있습니다. 그럴 때는 그냥 '내 종목이 아니구나' 하고 놓아주는 것이 마음도 편하고 손해도 보지 않는 길입니다. 미련보다는 나만의 투자전략을 항상 염두에 두길 바랍니다.

두 번째는 이동평균선입니다. 이동평균선이란 차트를 평균으로 계산해 선으로 나타낸 것입니다. 대표적으로 네 가지 이동평균선을 많이 사용합니다. 먼저 20일 이동평균선은 1개월(월)을 나타내는 선으로 세력선이라고 불립니다. 일명 주가 관리선으로 차트가 20일 선 위에 있어야 좋은 흐름을 보이는 경향이 있습니다. 60일 이동평균선은 3개월(분기)을 나타내는 선으로 실적 발표 주기와 같아 실적 관리선 혹은 수급선이라고 불립니다. 120일 이동평균선은 6개월(반년)을 나타내는 선으로 경기 흐름을 파악할 때 주로 사용합니다. 240일 이동평균선은 12개월(1년)을 나타내는 선으로 이 선에 캔들차트가 닿았다면 1년 동안의 평균으로 회귀했음을 의미합니다. 즉, 그만큼 주가가 오르지 못했거나 갑자기 하락했다는 뜻이죠. 이는 결코 좋은 모습이 아닙니다. 240일 이동평균선은 주가 생명선이라고도 부르는데 이를 통해 기업의 미래 전망을 간접적으로 파악할 수 있습니다.

매매를 위한 기술적 분석에서는 주로 20일 이동평균선을 기점으로 매수합니다. 적립식으로 투자를 하면 보통 한 달에 한 번씩 거래를 합니다. 이때 20일 이동평균선 밑에서 매수를 하면 한 달 평균값보다 싸게 매수했다는 뜻이 됩니다.

세 번째는 보조지표 중 하나인 RSIRelative Strength Index입니다. 우리

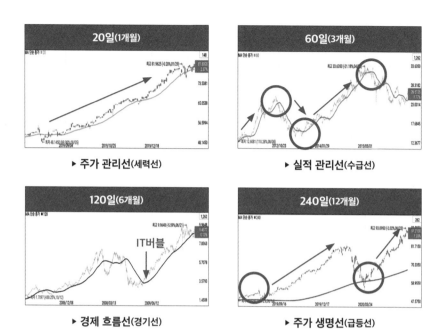

**그림35. 네 가지 이동평균선의 의미**

말로 옮기면 '상대강도지수'로 주가 추세를 백분율로 나타낸 지표입니다.

RSI는 주식 가격의 상승 압력과 하락 압력 간의 상대적인 강도를 나타냅니다. 70이 넘으면 과열이고 30 이하로 내려가면 침체 구간에 들어갔다는 뜻입니다. 그렇다면 당연히 저점에서 기회를 잡기 위해 침체 구간인 30 밑에서 매수하고 과열 구간인 70 위에서는 매도 혹은 관망을 해야겠죠?

실제 사례를 보면 2020년 2월 마이크로소프트의 RSI가 81.6로 과열

그림36. RSI 읽기

된 구간에 들어가자 주가가 하락했습니다. 반대로 7월에 RSI가 32.9로 침체 구간에 근접하자 주가가 상승했습니다. 무조건 RSI 과열/침체 구간만 보고 투자하는 것은 곤란하지만 이를 자신만의 매수 기준 중 하나로 두면 다양한 기술적 분석 도구와 함께 확인하며 수익률을 높이고 리스크를 줄일 수 있습니다.

네 번째는 MFIMoney Flow Index입니다. MFI란 주식 거래자금의 유입량과 유출량을 측정한 지표로 80이 넘으면 과열, 20 이하로 내려가면 침체로 봅니다. RSI와 MFI는 기준이 되는 숫자가 달라서 헷갈릴 수 있으니 잘 기억해두면 좋습니다.

실제 사례를 보면 애플의 경우 2021년 3월 MFI가 19.9까지 내려오는 순간이 있었습니다. 이때 주가가 침체 구간으로 접어들었다가 다시 반등했고 2021년 말 MFI가 24.9까지 내려오면서 두 번째 침체 구간이

그림37. MFI 읽기

나왔습니다. 1년 동안 2번의 MFI 저점 구간이 형성됐으며 둘 다 저점 매수를 할 수 있는 기회였습니다. 그 후 2021년 애플의 매출, 영업이익, 연구 개발 투자는 모두 증가하는 추세를 보여줬습니다. 가장 이상적인 모습이라고 할 수 있죠. 반대로 2022년 2월 실적이 부진하고 미래 전망이 좋지 않은 넷플릭스, 메타, 페이팔은 실적 발표와 함께 하루 동안 20% 이상 급락하기도 했습니다. 실적이 좋지 못했다면 MFI가 저점에 달했더라도 추가 하락이 이어질 수 있으니 꼭 기술적 분석보다 기업의 가치평가를 우선해야 합니다.

이 네 가지 조건을 종합해 정리해보겠습니다. 밑꼬리를 단 캔들차트가 등장하고 쌍바닥을 그리는데 두 번째 바닥이 첫 번째보다 높습니다. 이때 RSI가 30 이하, MFI가 20 이하면 최적의 매수 조건이 됩니다.

실제 사례를 보면 [그림38]처럼 테슬라가 20일 이동평균선 밑으로

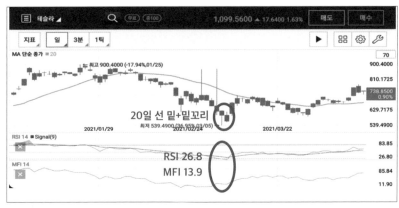

그림38. 캔들차트, 이동평균선, RSI, MFI의 흐름

내려오고 RSI가 26.8, MFI가 13.9까지 내려온 적이 있었습니다. 캔들차트에서 밑꼬리도 만들어졌습니다. 쌍바닥 형태는 아니지만 네 가지 조건 중 3개 이상이 포함됐죠. 즉, 높은 확률로 주가가 상승하기 좋은 구간이었습니다. 당시 테슬라는 중국에 전기차 인도량을 늘려가고 있었고 실제 점유율도 높게 나타나고 있었기 때문에 기술적 분석 측면에서뿐만 아니라 실적 측면에서도 전망이 좋았습니다. 이렇게 가치평가를 통해 최대한 리스크를 줄이면서 기술적 평가를 통해 주식을 저점에 매수함으로써 수익률을 높이는 전략을 세우는 것이 좋습니다.

좋은 기업에 투자하고 있다면 네 가지 조건이 모두 만들어지는 경우가 드물 것입니다. 특히 변동성이 작은 기업에 투자하고 있다면 추가 매수는 더욱 힘들어집니다. 행복한 고민일 수도 있지만 이럴 때도 현명하게 대처해야 합니다. 수익률이 좋다고 계속 올라가는 주가를 보며 매수를 망설이는 것은 좋지 못합니다. 수익률에 취해 수익금을 잊어서는 안 됩니다. 1000만 원 원금에 100% 수익보다 5000만 원 원금에 40% 수익이 1000만 원이나 더 많습니다. 단순히 계좌에서 눈으로 보이는 수익률에 취해 있기보다 냉정하지만 지혜로운 선택을 할 때 부는 빠르게 증가합니다. 적립식 투자의 경우 앞에서 설명한 조건을 고려하되 한 달 동안 주가가 내려올 생각을 하지 않는다면 최소한 20일 이동평균선 밑에서 매수를 진행하는 것이 좋습니다.

목돈이 생겨서 투자를 해야 하는 상황이 왔을 때도 이런 조건을 고려해 매수하는 것이 좋습니다. 하지만 앞서 이야기했듯이 큰돈을 한 번에 쏟아버리는 것은 좋은 선택이 아닙니다. 아무리 좋은 기회가 있다고 해도 꼭 기간을 길게 잡고 분할매수해야 합니다. 저는 3개월 동안 10번 이상 나눠서 매수하는 것을 분할매수로 봅니다. 즉, 1000만 원이라면 100만 원씩 10번으로 나눠 매수하는 것입니다. 3개월이면 기업 실적이 한 번 이상 발표되기 때문입니다. 등락 폭이 큰 시장이면 3개월이 아니라 6개월로 기간을 늘리고 10번이 아니라 20번까지 나눠서 매수하는 것이 좋습니다. 특히 기간을 길게 봐야 하는 시기는 금리 인하, 양적 긴축, 실업률 증가, 미중 분쟁 등 악재로 생각되는 이슈가 발생했을 때입니다.

# 매도해야 할 때가 있다!

부동산투자보다 주식투자가 어려운 이유는 환금성(자산을 현금화하는 데 필요한 기간)이 좋기 때문입니다. 아이러니하지 않나요? 보통 환금성이 좋은 곳에 투자를 하라고 하지만 거래를 너무 자주 하면 오히려 독이 될 수 있으니 말입니다.

가끔 있는지도 몰랐던 주식계좌에 큰돈이 들어 있는 것을 보고 놀랐다는 기사를 접한 적이 있을 것입니다. 주식투자의 대가 앙드레 코스톨라니André Kostolany는 "일단 우량주 몇 종목을 산 다음 수면제를 먹고 몇 년 동안 푹 자라"라고 이야기하기도 했습니다. 거래비용 문제가 아니더라도 매도로 수익률을 확정 짓는 것은 좋은 선택이 아닌 경우가 많습니다. 과거 주식시장에는 여러 번의 경제 위기가 있었지만 결국 이를 극복하고 우상향을 거듭했기 때문입니다.

그럼에도 매도해야 하는 경우가 있기는 합니다. 첫째, 투자하고 있는 종목에 대한 이슈가 아닌 투자자 자신이 돈이 필요한 경우입니다. 이 때는 시기를 따로 보지 않고 필요한 때에 맞춰 매도를 합니다. 아파트를 사서 잔금을 치러야 한다면 당연히 해당일에 맞춰 돈을 찾아야 하고 병원비가 필요하다면 이 또한 시기에 맞춰 매도를 해야 합니다. 돈보다 중요한 것은 나와 가족의 생활이고 행복이니 우선순위가 바뀌면 안 됩니다.

둘째, 종목 생태계에 변화가 있을 때입니다. 흑백사진과 필름이 사라져갈 때, PC 시장의 성장성이 둔화됐을 때, 석탄 에너지가 지고 친환경 에너지가 부상할 때처럼 산업에서 다양한 변화가 일어나고 있는데 내가 투자하는 산업이 하향 산업이라면 과감하게 메가 트렌드에 해당하는 산업으로 이동하는 것이 좋습니다. 돈이 모이는 산업에 투자해야 성공 확률이 높아집니다. 돈이 몰리면 수익도 커지기 때문입니다.

마지막은 상대적으로 더 좋은 기업 혹은 ETF를 발견했을 때입니다. 이럴 때는 종목을 교체해야 합니다. 저의 경험을 예로 들면 기존에 배당성장 ETF로 VIG를 선택한 적이 있습니다. VIG는 10년 이상 배당성장한 기업에 투자하는 ETF고 주가 상승도 좋은 종목입니다. 당시 저는 성장주에 이미 투자를 하고 있었기 때문에 배당률에 좀 더 무게를 주고 싶었습니다. 그래서 VIG처럼 10년 이상 배당성장한 기업에 투자하기는 하지만 주가 상승률보다는 배당성장률이 더 높은 기업에 투자하는 ETF를 찾았고 그것이 바로 SCHD였습니다. 배당수익률을 높이는 방법을 선택한 것이죠.

내가 투자하고 있는 상품보다 더 좋은 상품은 언제든 나타날 수 있습니다. 그럴 때마다 내게 잘 맞고 편한 옷을 찾는다고 생각하고 종목을 교체하는 것도 유연한 투자 방법입니다. 한 주식과 사랑에 빠지지 말아야 하듯이 한 ETF만 무조건 모으는 것도 좋은 선택이 아닙니다. 그 종목이 내 포트폴리오에 맞는 상품인지 계속 생각하고 투자 포트폴리오의 비중과 종목을 교체하는 작업을 해야 합니다. 이 모든 것이 나를 알아가는 작업이라고 생각하면 좋습니다. 단, 이 세 가지 경우가 아니라면 엉덩이가 무겁게 투자를 해야 합니다.

## 투자수익률은 내가 정한다!

여기까지 읽은 분이라면 이제 본격적으로 ETF 투자를 시작할 수 있을 것입니다. 마지막으로 내 수익률을 좌우하는 가장 중요한 요소를 알려드리겠습니다.

지금쯤이면 내가 원하는 종목을 선정해 성장, 배당, 채권, 원자재로 포트폴리오를 구성하고 매달 얼마를 적립식으로 투자하겠다는 계획을 세웠을 것입니다. 여기서 수익률을 좌우하는 가장 중요한 요소는 각 종목별 비중을 어떻게 설정하느냐입니다. 앞서 각 종목의 수량과 비중을 정해드리기는 했지만 그대로 따라 하는 것이 아니라 본인의 투자전략에 맞게 다시 조절해야 합니다. 비중에 따라 투자 금액이 달라지기 때문에 어떤 종목에는 가중치가 붙어 수익이 크게 나고 어떤 종목은 아무리 수익을 내도 티가 나지 않을 수 있습니다.

그렇다고 한 요소에 100% 집중하는 것은 위험합니다. 성장에만 치중하면 경제 위기가 왔을 때 회복하기 힘든 상황을 맞닥뜨릴 수도 있고 반대로 채권과 금 비중을 늘리면 성장성이 더뎌 좋지 못한 성과를 보게 됩니다. 개별 종목의 수익률보다 종목별 비중에 따른 나의 수익률이 포트폴리오의 수익률에 더 큰 영향을 미친다는 뜻입니다.

목표수익률은 기준을 설정하는 데서 시작됩니다. 각각의 비중을 정하는 데 정해진 답은 없지만 최소한의 가이드라인은 지키는 것이 좋습니다. 초보 투자자라면 성장주 투자는 최대 60%를 넘기지 말고 채권과 금은 최소 5% 이상을 지키는 것이 좋습니다. 투자를 하다 보면 점점 내게 맞는 포트폴리오를 찾게 될 테니 처음에는 가이드를 지켜 투자하길 권장합니다.

**정리하기** **포트폴리오 리밸런싱 전략**

1. 정기 리밸런싱: 날짜를 지정해 6개월 혹은 1년에 한 번 진행. 초기에 설정한 비중과 틀어진 부분을 조정. 비중이 늘어난 경우 매도, 그 수익으로 비중이 줄어든 다른 종목을 매수.
2. 수시 리밸런싱: 보유하고 있는 종목의 주가가 갑자기 하락하거나 폭등해 7% 이상 변동성이 발생했을 때 즉시 진행.

# ETF에 대한
# 모든 질문과 답변

## 아직도 궁금한 것이 남았다면

저는 이 책의 저자 송민섭이면서 '수페TV'라는 유튜브 채널을 운영하는 수페입니다. '수페TV'에는 돈 공부, 투자와 관련된 영상이 올라가 있는데요, 특히 ETF 관련 정보와 투자전략을 공유하고 있습니다.

2년 넘게 유튜브를 운영하면서 질문 댓글과 상담 이메일을 많이 받았습니다. 또 강의에서도 많은 질문을 해주셨고요. 일반적으로 궁금해하는 점을 모아 정리를 해보니 대부분 비슷한 내용이 많았습니다.

'당연히 알고 있겠지' 하고 놓치기 쉬운 질문을 뾰족하게 물어보는 분도 있었습니다. 이 질문들에 답하면서 저 또한 많은 공부를 하는 계기가 됐습니다. 그래서 이번 장에서는 투자에 정말 꼭 필요한 '액기스' 같은 질문들을 모아 풀어보려고 합니다. 앞의 글을 읽다가 생긴 궁금증이나 앞으로 투자하면서 궁금해질 것들에 관한 답을 미리 살펴본다고 생각하면 됩니다. 그럼 이제 질문에 답해보겠습니다.

## Q1 ETF 투자 vs 기업 투자 어느 쪽이 좋나요?

투자가 처음이고 기업 분석이 서툴면 주저 없이 ETF에 투자하는 쪽이 옳은 선택일 것입니다. 하지만 내가 아는 기업이고 좋다고 판단된 기업이라면 굳이 ETF에 투자할 필요가 없겠죠. 예를 들어 애플이란 기업의 매출 구조를 봤더니 아이폰 비중이 높고 앞으로도 지속적으로 매출이 증가하리라고 판단했다고 해봅시다. 프리미엄 스마트폰 시장에서 아이폰은 2021년에 2020년보다 점유율이 5% 상승해 60%가 됐고 2022년 하반기에는 메타버스 하드웨어라고 불리는 AR글래스도 출시할 예정입니다. 반도체도 직접 만들기 시작했으며 2025년에는 애플카까지 개발한다고 합니다. 이렇게 다양한 산업으로 사업을 확장해가는 애플을 보면 당연히 투자 의욕이 활활 타오릅니다. 혹시 몰라 재무제표를 봤더니 영업현금흐름도 좋고 연구 개발비도 계속 늘려왔으며 배당도 10년 넘게 꾸준히 성장했습니다. 기업에 직접투자를 고려하고 있다면 최소한 지금 말씀드린 부분을 공부하는 시간이 필요합니다. 반면 S&P 500 ETF와 같은 지수 추종 ETF에 투자하는 것은 개별 기업에 대한 세세한 분석까지 하지 않고 글로벌 시장 전망과 미국의 경제 흐름을 파악하는 수준으로만 진행해도 괜찮습니다.

따라서 ETF 투자와 기업 투자는 어느 쪽이 좋다기보다는 내 투자 성향에 맞는 선택을 하는 것이 좋습니다. 10년 이상 장기 투자를 목적으로 시작한다면 예민하게 움직이는 기업에 직접투자하는 것보다는 ETF에 투자하는 것이 더 적합하고 단기적인 높은 수익률보다 꾸준한 수익률로 복리 효과를 누리는 것이 좀 더 편하게 자산을 늘리는 방법이 될 수 있습니다.

### Q2 ETF는 어떻게 거래하나요?

답변부터 하자면 ETF도 주식과 동일하게 주식계좌를 통해 검색하고 수량을 입력해 거래하면 됩니다. 이 질문은 투자를 처음 시작하는 분들이 많이 하는 것이라 생각됩니다.

다행히 요즘에는 모든 것이 비대면으로 잘돼 있어서 주식투자 역시 처음이라고 해도 어렵지 않게 할 수 있습니다. 은행에서 계좌를 만들 듯이 증권계좌를 만들면 됩니다. 웬만하면 계좌 개설 시점에 이벤트를 하는 곳 중 수수료가 저렴한 증권사를 찾는 것이 좋습니다.

증권계좌를 개설하고 나면 90% 이상 준비가 끝난 것입니다. 다음은 더 간단합니다. 계좌에 돈을 넣고 원하는 종목을 매수하면 됩니다. 이런 내용은 해당 증권사 유튜브 채널에서 대부분 친절하게 영상으로 만들어 안내하고 있으니 보면서 따라 하면 됩니다. 절대 어렵지 않아요. 단지 처음 하는 일이라 낯설 뿐이죠.

### Q3 ETF 이름에 붙는 선물, (H)는 뭔가요?

국내 ETF는 명칭만 봐도 어떤 ETF인지 한 번에 알아볼 수 있습니다. 예를 하나 들어볼게요. KODEX 미국나스닥100선물(H)라는 ETF가 있는데요, 이 이름을 네 부분으로 나눠보면 KODEX, 미국나스닥100, 선물, (H)입니다.

첫째, KODEX는 ETF를 운용하고 있는 곳의 브랜드명으로 삼성자산운용사를 뜻합니다. 또한 TIGER는 미래에셋자산운용, KINDEX는 한국투자신탁운용을 의미합니다.

둘째, 미국나스닥100은 말 그대로 투자하는 곳이 어디인지 투자 대상을 표시한 것으로 나스닥 100 지수를 추종하는 상품임을 말해주고 있습니다. QQQ와 동일하다고 볼 수 있죠.

셋째, 선물은 거래 방식을 이야기합니다. 일반적인 거래는 현물거래로 직접 돈을 주고 주식을 매수하는 형태입니다. 그런데 선물은 일부

현금을 먼저 주고 미래의 상품을 만기 때 받는 것을 말합니다. 10이란 현금으로 100이란 자산을 먼저 사서 나머지 90이란 현금흐름이 발생하는 것이라고 생각하면 됩니다. 채권을 비롯한 다양한 자산으로 추가로 돈을 불릴 수 있는 조건이 형성되는 것입니다. 보통 원유, 금과 같은 자산에 많이 사용되는 거래방식입니다.

넷째, (H)는 환율 노출과 헤지를 구분하는 표시입니다. (H)가 없으면 환율에 노출돼 있는 상품으로 환율 변동에 따라 내 자산의 가치도 함께 변하게 됩니다. 만약 환율은 고정돼 있고 오직 투자 상품에 따라 온전히 수익을 받고 싶다면 (H)가 붙어 있는 상품을 이용하면 됩니다.

이를 종합해 KODEX 미국나스닥100선물(H)를 다시 정리하면 삼성자산운용에서 관리하고 나스닥 100 지수를 추종하며 환율 헤지를 하는 선물거래 상품이 됩니다.

## Q4 연금저축, 주부/프리랜서/학생이 해도 되나요?

연금저축의 장점이라고 하면 보통 세액공제를 많이 떠올립니다. 그러다 보니 소득이 있는 직장인은 세금 혜택을 받을 수 있지만 그렇지 않은 주부나 학생은 별로 이익이 없다고 생각하는 경우가 있습니다. 하지만 소득이 없어도 연금저축은 하는 것이 좋습니다. 세액공제보다 더 좋은 세금 혜택이 있기 때문입니다.

해외 ETF에 직접투자할 때는 250만 원을 제외한 나머지 수익에 대해 22%의 세금을 내게 됩니다. 하지만 연금저축으로 국내 증권사를 통해 해외 ETF에 투자하면 양도세가 아닌 연금저축 관련 세금을 지불하면 됩니다. 세율은 전체 금액의 3.5~5.5%로 투자 기간이 길고 수익이 커질수록 저렴합니다. 노후를 준비하는 동시에 세금 혜택도 톡톡히 받을 수 있기 때문에 주부, 프리랜서, 학생 모두 연금저축을 하는 것이 좋습니다. 자세한 내용은 10장에서 설명했으니 참고하길 바랍니다.

### Q5 미국 ETF, 국내 상장 미국 ETF 중 뭐가 더 좋나요?

이 질문은 정말 끊이지 않는 질문 중 하나입니다. TIGER 미국나스닥100과 QQQ에 투자한다고 가정하면 둘 다 나스닥 100 지수를 추종하고 환율에 노출돼 있으니 지수에 따른 수익률은 크게 차이가 나지 않을 것입니다. 하지만 세금은 차이가 나겠죠? 어느 쪽이 더 절세 효과를 누릴 수 있는지 판단해보면 됩니다.

여기에 대한 답은 '상황에 따라 다르다'입니다. 수익 250만 원까지는 비과세를 적용할 수 있는 해외 ETF에 투자하는 것이 좋고 250만 원 이상부터는 세금을 비교해야 합니다. 국내 ETF에 대한 세율은 15.4%, 해외 ETF에 대한 세율은 22%니 국내 ETF에 투자하는 것이 좋을 수도 있습니다. 다만 해외 ETF에 투자해 300만 원 수익이 발생했다면 비과세 250만 원을 제외한 50만 원에 대해 22%의 양도세를 내야 합니다. 국내 ETF 300만 원 수익에 대한 15.4%보다 세금이 저렴하죠. 정확히 계산하면 800만 원을 기점으로 절세 효과가 달라집니다.

간단히 말해 내 수익이 1년에 800만 원 이하일 것 같으면 해외 ETF 에 직접 투자하는 것이 좋고 800만 원 이상일 것 같으면 국내 ETF에 투자하는 것이 좋습니다. 그런데 수익이 2000만 원을 넘으면 종합과세 대상이 되니 여기서 다시 해외 ETF에 투자하는 것이 유리해질 수도 있습니다. 내 소득과 함께 계산을 해봐야 하는 부분이라 좀 복잡하죠. 쉽게 수익 0~800만 원은 해외 ETF, 800만~2000만 원은 국내 ETF, 2000만 원 이상은 해외 ETF라고 생각하면 됩니다.

### Q6 해외 주식투자 절세 방법이 있나요?

해외 주식투자로 수익이 크게 나면 세금이 너무 많이 나와 줄일 방법이 없을까 고민하게 됩니다. 지금 당장은 내 이야기가 아닌 것 같지만 장기 투자를 하다 보면 누구나 겪는 일이니 꼭 알아두는 것이 좋습니다.

해외 주식투자 절세 방법은 두 가지가 있습니다. 첫째로 매년 250만 원씩 매도해 비과세 250만 원의 수익을 꾸준히 챙기는 것입니다. 장기 투자를 한다면서 매년 공제되는 250만 원을 그냥 버리는 경우가 있는데요, 5년 뒤 1250만 원의 수익이 발생했다면 비과세 250만 원을 제외하고 1000만 원에 대해 22%의 양도세를 내야 합니다. 그 금액이 220만 원입니다. 그런데 5년 동안 매년 총 4번씩 250만 원을 매도 후 다시 재매수한다면 매년 비과세 혜택을 받게 됩니다. 그래서 5년 차에 는 수익이 250만 원밖에 남지 않으니 비과세 혜택을 또 받아 세금을 하나도 안 내도 됩니다. 즉, 5년을 가만히 있으면 세금 220만 원을 내 야 하고 1년에 한 번씩 250만 원의 수익을 실현해 비과세 혜택을 받으 면 세금을 안 내도 됩니다. 그러니 매년 주어지는 혜택을 그냥 날려버 리지 않길 바랍니다.

둘째로 배우자와 자녀에게 증여하는 방법입니다. 배우자에게는 10년간 6억 원, 성인 자녀 및 직계존속에게는 5000만 원, 미성년 자녀 에게는 2000만 원까지 세금을 내지 않고 증여가 가능합니다. 증여하 는 주식의 평가는 증여일 전후 2개월의 종가를 평균해 계산하며 기존 에 매수한 단가가 아닌 평가금액으로 증여됩니다. 단순 세금 회피를 위한 증여의 경우 적발 시 불이익이 있으니 참고하길 바랍니다.


## Q7 ETF도 상장폐지되나요?

ETF도 여러 가지 이유로 상장폐지되는 경우가 있습니다. 국내 ETF의 경우를 예로 들면 1년 동안 자본금이 50억 원 미만이고 1일 평 균 거래금액이 500만 원 이하일 때 관리종목으로 선정됩니다. 여기서

6개월을 더 지켜보는데 자본금과 거래 대금이 늘어나면 ETF를 유지할 수 있지만 그렇지 못한 경우에는 상장폐지됩니다.

ETF는 주식과 다르게 상장폐지된다고 해서 내 투자금이 사라지지는 않습니다. ETF의 상장폐지는 기업 주가와 무관하기 때문에 수익이 나는 중이라면 돈을 돌려받게 되며 상장폐지 마지막 날까지 거래가 가능합니다. 즉, 상장폐지가 된다고 해도 손해는 보지 않습니다. 그래도 ETF는 자본금이 높은 것이 안전합니다. 또한 국내보다는 글로벌 ETF의 규모가 더 크기 때문에 리스크가 작습니다.

### Q8 ETF를 몇 시에 사는 것이 좋나요?

ETF라고 해서 딱 몇 시가 좋다는 공식이 따로 있는 것은 아닙니다. 하지만 ETF를 운용하는 담당자가 의무적으로 호가를 제출하지 않는 시간대가 있으니 참고하는 것이 좋습니다. 이들이 호가를 제출하지 않는다는 것은 그만큼 변동성이 크고 급등락이 나올 수 있다는 뜻입니다. 이때는 적정 주가에 매매하기 어려울 수 있어 피하는 것이 좋습니다. 국내의 경우에는 장 전 시간(08:00~09:00), 장 개시 5분(09:00~09:05), 장 종료 전 동시호가(15:20~15:30)로 이 세 가지 시간대를 피해 매수하는 것이 좋습니다. 추가로 TIGER 차이나전기차SOLACTIVE ETF는 중국 기업에 투자하는 종목으로 중국 증시가 시작하는 10시 30분에는 변동성이 크게 작용하니 그 시간을 피하는 것이 좋습니다.


## Q9 연금저축은 얼마까지 넣을 수 있나요?

연금저축은 400만 원까지 세액공제를 받을 수 있지만 400만 원이 최대 납입 금액은 아닙니다. 세액공제와 무관하게 연금저축에 더 투자하고 싶다면 1년 동안 최대 1800만 원까지 납입 가능합니다.


## Q10 양도소득세 계산 방법 좀 알려주세요.

해외 주식과 ETF에 투자할 때 발생하는 수익에는 세금이 붙습니다. 배당금에는 배당소득세 15%가 적용되지만 세금을 떼고 수익금이 들어오기 때문에 우리가 따로 계산할 것은 없습니다. 하지만 시세차익으로 발생한 수익은 양도소득세를 직접 신고해야 합니다.

예를 들어 750만 원의 수익이 발생했다면 기본 공제가 되는 250만 원까지는 세금을 내지 않습니다. 그래서 750만 원에서 250만 원을 제외한 500만 원에 대한 세금을 내야 합니다. 세율은 22%가 적용되므로 121만 원의 양도세를 내면 됩니다. 대개 증권사에서 납부 대행 서비스를 진행하니 연초에 신청하면 됩니다.

**Q11** 가만히 놔두면 알아서 투자해주는 종목은 없나요?

ETF에 투자할 때 생기는 분배금을 재투자해 복리로 굴리는 경우 분배금이 나오는 3개월 혹은 1년에 한 번씩 ETF를 추가로 매수해야 하는 상황이 발생합니다. 이런 작업이 귀찮고 누군가 대신해주길 바란다면 국내에는 TR 상품이 있습니다. Total Return의 약자로 분배금을 알아서 재투자해주는 상품입니다. 상품 하나를 소개하자면 KODEX 미국S&P500TR이 있습니다. 종목명 뒤의 TR에서 알 수 있듯이 분배금을 알아서 재투자해줍니다. 분배금이 적어서 다시 매수하기 힘든 경우 TR 상품을 선택하면 복리 투자에 도움이 될 수 있습니다.

**Q12** ETF에 투자하면 기업 공부를 안 해도 되나요?

ETF 투자도 결국 기업에 투자하는 것이기 때문에 당연히 기업에 관한 공부는 해야 합니다. 예를 들어 QQQ에 투자한다면 나스닥100 지수에 포함된 기업들을 살펴봐야 하고 각 섹터의 비중은 얼마나 되는지도 봐야 합니다. 특히 테마형 ETF인 SKYY 같은 경우 관련 산업의 발전 정도와 시장 규모까지 파악해야 합니다.

## Q13 ETF 딱 하나만 투자한다면 어디에 할 건가요?

ETF를 딱 1개만 살 수 있다면 어떤 것을 매수하겠느냐는 질문도 정말 많이 듣는 질문 중 하나입니다. 그때마다 저는 주저 없이 S&P 500 지수를 추종하는 VOO, IVV를 이야기합니다. 보통 우리나라 투자자들은 QQQ같이 나스닥 100 지수를 추종하는 기술주 중심의 투자에 포커스를 맞춥니다. 반면 저는 투자는 무엇보다 밸런스가 중요하다고 봅니다. S&P 500은 미국 시장의 기준이 되는 지수라 이와 관련한 상품을 선택하는 것이 가장 합리적인 투자 방향이라고 생각합니다.

## Q14 QQQ와 SPY 함께 투자해도 되나요?

나스닥 100 지수를 추종하는 기술주 투자 종목 QQQ와 S&P 500 지수를 추종하는 미국 주식시장 투자 종목 SPY는 겹치는 기업이 상당히 많습니다. 80개 기업 정도가 중복되니 QQQ 투자자 입장에서는 80%나 중복 투자를 하는 것이죠. 하지만 내가 전반적인 미국 시장에 투자하면서 기술주에 투자하는 비중을 늘리고 싶다면 QQQ와 SPY를 함께 투자하는 것도 좋은 투자전략이 될 수 있습니다. 중복된다고 무조건 나쁜 것도 아니고 분산투자를 한다고 무조건 좋은 것도 아닙니다. 그러니 내게 맞는 투자전략을 세우는 것이 중요합니다.

**Q15** ETF는 분배금(배당금)을 어떻게 계산하고 주나요?

ETF에서 분배금은 일반 주식의 배당금과 비슷한 의미입니다. 기업은 사업을 통해 수익이 발생하면 그 이익을 일부 현금이나 주식으로 주주들에게 배당합니다. ETF도 기초가 되는 자산에서 수익이 났을 때 이 수익을 투자자들에게 돌려주는데 이를 분배금이라고 합니다.

주식형 ETF는 기업에서 발생한 배당금으로 분배금을 지급하고 채권형 ETF는 채권 이자가 분배금이 됩니다. 주식형 ETF는 기업의 배당금과 주기가 다르기 때문에 ETF가 자체적으로 주기를 설정해 일괄적으로 지급합니다.

분배금은 ETF가 투자한 기업의 배당금을 기초로 지급되므로 기업 배당금 변동에 따라 함께 움직입니다. 배당 ETF의 경우 5년 이상 배당금을 늘려온 기업에 투자하는 DGRO, 10년 이상 배당성장한 기업에 투자하는 SCHD, 25년 이상 배당을 늘려온 기업에 투자하는 NOBL 등이 있습니다.


**Q16** QQQ 대신 QQQM에 투자해도 되나요?

QQQ는 나스닥 100 지수를 추종하는 ETF입니다. QQQM 또한 동일하게 나스닥 100 지수를 추종하는 종목이라 QQQ와 수익률이 같습니다. 심지어 같은 운용사에서 만든 상품이죠. 왜 같은 상품을 2개나 만들었을까요? 매수단가에 답이 있습니다.

QQQ는 1주에 43만 원 정도입니다. 반면 QQQM은 1주에 17만 원 정도입니다. 단가가 2배 이상 차이 나죠. QQQ ETF는 단가가 높다 보니 개인투자자가 투자하기 어렵습니다. 이 책에서 포트폴리오를 구성할 때 QQQM을 사용한 것도 같은 이유인데요, 이것이 바로 QQQM이 생겨난 이유기도 합니다. QQQM은 상장일이 2020년 10월 13일로 그렇게 오래되지 않았습니다. 기존 ETF의 수수료가 높다는 불만을 해소하고자 수수료도 0.05% 저렴한 0.15%로 나왔습니다. 같은 맥락에서 SPY ETF 대신 SPLG ETF도 생겨났다고 보면 됩니다.


## Q17 ETF 투자 시 조심해야 할 것이 있나요?

ETF는 기업에 직접투자하는 것이 아니라 지수를 추종하는 종목이 많기 때문에 개별 기업의 실적보다는 상품 자체에 조심해야 할 점이 세 가지 있습니다.

첫째, 유동성에 대한 위험입니다. 거래량이 충분히 발생하지 않으면 내가 투자한 원금을 회수할 때 매수할 때보다 낮은 가격으로 매도해야 하는 상황이 올 수 있습니다. 그래서 자산 규모가 크고 거래량이 활발한 종목을 선택해야 합니다.

둘째, 추적오차에 대한 위험입니다. ETF가 추종하는 지수를 제대로 반영하지 못한다면 그 상품의 존재 이유가 모호해지겠죠? 그래서 얼마나 작은 오차로 지수를 추적하는지가 매우 중요합니다. 이는 해당 ETF를 운용하는 운용사의 역할로 그 운용사의 능력을 평가하는 기준이 됩니다.

마지막으로 상장폐지에 대한 위험입니다. Q7에서 상장폐지에 관한 질문에 답변을 했지만 상장폐지 자체가 위험하다기보다는 그로 인해 돈이 묶이는 상황이 발생할 수 있다는 위험이 존재합니다.


### Q18 환전은 언제 하는 것이 좋나요?

환전 질문 역시 정말 자주 듣는 질문 중 하나입니다. 환율이 1200원일 때는 '지금 환율 너무 높은 것 아닌가요?', 환율이 1100원일 때는 '환율이 더 떨어지지 않을까요?'를 항상 묻습니다. 정답은 없지만 나름대로의 기준은 있어야겠죠?

2010년 1월 1일~12월 31일까지 최고 환율은 1280원이었고 최저 환율은 1008원이었습니다. 보통 1000~1200원에서 움직였죠. 저는 1130원을 기준으로 설정하고 그보다 밑으로 내려오면 며칠간 나눠서 환전합니다. 또한 투자 중인 종목이 갑자기 외부 이슈로 크게 하락하는 일이 생기면 바로 환전해 투자를 진행합니다.

여기서 중요한 사실은 환율 때문에 내가 투자하고 있는 기업이나

ETF가 저평가됐을 때 매수하지 못하면 안 된다는 것입니다. QQQ ETF는 최근 5년 동안 186% 성장했습니다. 환율이 높다고 5년 동안 환전을 못하면 안 되겠죠? 가장 비싸게 환전해봐야 10~20% 차이가 나는데 기업과 ETF는 그것의 적게는 2배에서 10배까지 차이가 날 수 있습니다. 따라서 환율보다는 투자하려는 종목을 더 깊이 살펴보는 것이 중요합니다.

### Q19 중국과 인도 중 어디에 투자하는 것이 더 좋나요?

이런 질문이 가장 난처한데요, 솔직히 어디가 더 좋다고 할 것은 없습니다. 아니, 저도 모릅니다. 하지만 제가 생각하기에 미래가 유망한 국가는 중국보다 인도입니다. 현재 인구수는 중국이 앞서고 있지만 인구의 연령별 피라미드를 보면 인도는 10~20대 인구가 많고 중국은 30~50대 인구가 많습니다. 앞으로 10년만 더 지나면 중국은 초고령사회로 진입할 것이고 인도는 젊은 국가로 더욱 성장할 수밖에 없습니다. 그래서 저는 중국보다는 인도의 미래를 더 좋게 봅니다. 물론 인도가 중국의 기술력과 자본을 넘어설 수 있다는 뜻은 아니고 성장동력 면에서 상대적으로 인도가 더 매력적이란 이야기입니다. 인도 투자에 관심 있으신 분은 제 유튜브 채널 '수페TV'에서 인도 관련 ETF 투자 영상을 참고하길 바랍니다.

## Q20 비트코인을 ETF로 투자할 수 있나요?

비트코인도 ETF로 투자할 수 있습니다. 가상화폐 관련 ETF는 3개가 있습니다. 첫째, BITO입니다. 2021년 10월 상장한 ETF로 비트코인 선물에 투자하는 ETF입니다. 비트코인과 관련해 처음 미국에 상장된 ETF로 많은 관심을 받았는데 상장 후 비트코인의 성적이 좋지 못하다 보니 수익률 역시 좋지 못한 편입니다. 총보수는 0.95%로 조금 높은 편이니 참고해주세요.

둘째로 블록체인 개발 기업에 투자하는 ETF인 BLOK가 있습니다. 총보수는 0.71%고 투자 기업 수는 48개로 구성돼 있습니다.

마지막으로 블록체인 개발과 조사, 제공 기업에 투자하는 ETF로 BLCN이 있습니다. BLOK와 BLCN은 비트코인에 직접투자하는 것이 아니라 가상화폐 관련 기업에 투자하는 상품으로 2018년에 동시 상장됐습니다.

# 당신의
# 건강한 투자를 위해

최초의 ETF이자 최대 규모의 ETF인 SPY가 출시된 1993년에는 한 지수에 속한 종목에 모두 투자하는 것은 진정한 투자가 아니라는 생각이 주류를 이뤘습니다. 그래서 ETF는 무시당하기 일쑤였죠. 하지만 30년이 지난 지금, 많은 사례들과 경험들이 ETF 투자의 위엄을 증명하고 있습니다.

미국에서 최근 10년 동안 S&P 500 지수를 이긴 헤지펀드는 16.9%밖에 되지 않습니다. 세계적인 명문 대학을 나와 엄청난 정보와 복잡계를 연구하는 헤지펀드 매니저 10명 중 8명이 S&P 500 지수에 굴복했습니다. 하물며 개인투자자가 S&P 500 지수를 뛰어넘는 수익률을 만들기란 더욱 어려운 일일 것입니다. 이를 반대로 생각하면 S&P 500 지수 ETF에 투자하면 상위권 수익률을 기록하는 투자자가 될 수 있다는 뜻입니다.

하지만 아직도 많은 투자자가 ETF 투자를 망설입니다. ETF 투자는 장기 투자에 가장 적합한 투자 방법이기 때문입니다. 좋은 투자는 오래 이어갈수록 예쁜 꽃을 피우기 마련입니다. 내게 맞는 포트폴리오를 만들어 꾸준히 리밸런싱하며 외부의 유혹에 넘어가지 않고 오래오래 투자를 이어간다면 상상 이상의 자산이 계좌에 쌓이는 경험을 할 수 있습니다.

투자자들 대부분이 머리로는 좋은 포트폴리오를 만들어 오래 투자를 하면 좋은 성적을 낼 수 있다는 것을 알고 있습니다. 하지만 단기간에 더 큰 수익을 내고 자산을 쌓고 싶다는 욕심에 이를 지키지 않습니다. 그만큼 장기 투자는 지루하고 힘든 여정입니다.

그래서 저는 저와 같은 마음을 가진 분들과 함께 2022년 1월 '수페 챌린지'를 시작했습니다. 평소 무심코 하는 작은 소비를 줄여 일주일에 미국 지수 추종 ETF를 1주씩 매수해 목돈을 만드는 챌린지입니다. 매주 커피 3잔 값 1만 3000원을 아껴 S&P 500에 30년간 투자하면 2억 1500만 원이라는 큰돈이 쌓이게 됩니다. 복리의 힘은 이렇게 대단합니다.

"빨리 가려면 혼자 가고 멀리 가려면 함께 가야 한다"는 말처럼 지치지 않고 많은 분들이 함께 투자를 계속할 수 있도록 서로가 서로의 친구 혹은 동료가 돼주면 좋겠다는 의도에서 시작된 수페 챌린지는 당신이 이 책을 읽고 있는 순간에도 계속되고 있습니다. 매주 금요일 '수페빌리지'라는 네이버 카페에 많은 분들이 인증샷을 올리며 함께하는 중입니다.

커피값뿐만 아니라 금연을 선포하고 투자를 선택한 이웃, 술을 줄여서 투자를 선택한 이웃, 점심식사를 샐러드로 대체하고 투자하는 이웃 등 수페 챌린지에 참여한 많은 투자자가 나쁜 습관을 줄여 건강은 챙기고 자산은 늘리는 멋진 선택을 하고 있습니다. 30년이 길다는 생각이 든다면 본인의 상황에 맞게 도전하면 됩니다.

첫 투자를 어떻게 해야 할지 몰라 고민 중이거나 과거의 잘못된 습관을 버리고 새롭게 투자를 시작하고 싶은 분들에게 도움이 되고자 이 책을 썼습니다. 투자자로서 꼭 알아야 할 건강한 투자법을 담았습니다. 달리기에 서툰 사람이 마라톤에 나가서 끝까지 완주할 수 있게 도와주는 페이스메이커처럼 저를 당신의 투자의 페이스메이커라고 생각하면 됩니다.

나를 위한 투자 목표와 방법을 설정했다면 당신도 달려보세요. 달려도 좋고 걸어도 좋습니다. 멈추지 않고 이 책과 함께 꾸준히 달리다 보면 어느 순간 스스로 페이스메이커가 돼 있을 것입니다. 이를 통해 올바른 투자 습관이 내 몸에 배면 이 책이 소개하는 나만의 ETF 포트폴리오가 만들어졌을 것입니다. 그리고 마음 편하고 흔들리지 않는 투자를 할 수 있게 될 것입니다.

우리나라에서 ETF의 역사는 그리 오래되지 않았습니다. 불과 20년 전인 2002년에 처음 국내 시장에 상장됐죠. 그러니 지금부터 시작해도 절대 늦지 않았습니다. 앞으로 ETF가 써 내려갈 역사에 당신도 동참해 보세요. 당신이 투자 인생을 즐겁게 완주하는 그날까지 이 책이 페이스메이커가 돼주길 바라며 마칩니다. 당신의 성공 투자를 진심으로 응원합니다.

송민섭(수페TV)

**부록 1. ETF 자산 규모 순위 TOP 100(보라색은 책에서 언급한 ETF, 기준일: 2022.3.4.)**

| 순번 | 티커 | 종목명 | 운용사 | 총보수 | 자산 규모 (달러) |
|---|---|---|---|---|---|
| 1 | SPY | SPDR S&P 500 ETF Trust | 스테이트 스트리트 | 0.09% | 3964.6억 |
| 2 | IVV | iShares Core S&P 500 ETF | 블랙록 | 0.03% | 3180.6억 |
| 3 | VTI | Vanguard Total Stock Market ETF | 뱅가드 | 0.03% | 2803.3억 |
| 4 | VOO | Vanguard S&P 500 ETF | 뱅가드 | 0.03% | 2782.9억 |
| 5 | QQQ | Invesco QQQ Trust Series 1 | 인베스코 | 0.2% | 1829.7억 |
| 6 | VEA | Vanguard FTSE Developed Markets ETF | 뱅가드 | 0.05% | 1049.7억 |
| 7 | VTV | Vanguard Value ETF | 뱅가드 | 0.04% | 994.7억 |
| 8 | IEFA | iShares Core MSCI EAFE ETF | 블랙록 | 0.07% | 985.3억 |
| 9 | AGG | iShares Core U.S. Aggregate Bond ETF | 블랙록 | 0.04% | 871.8억 |
| 10 | BND | Vanguard Total Bond Market ETF | 뱅가드 | 0.04% | 819.9억 |
| 11 | VUG | Vanguard Growth ETF | 뱅가드 | 0.04% | 791.4억 |
| 12 | VWO | Vanguard FTSE Emerging Markets ETF | 뱅가드 | 0.08% | 789.0억 |
| 13 | IEMG | iShares Core MSCI Emerging Markets ETF | 블랙록 | 0.11% | 724.3억 |
| 14 | IJR | iShares Core S&P Small-Cap ETF | 블랙록 | 0.06% | 718.3억 |
| 15 | IWF | iShares Russell 1000 Growth ETF | 블랙록 | 0.19% | 683.9억 |
| 16 | IJH | iShares Core S&P Mid-Cap ETF | 블랙록 | 0.05% | 651.7억 |
| 17 | GLD | SPDR Gold Trust | 스테이트 스트리트 | 0.4% | 651억 |
| 18 | VIG | Vanguard Dividend Appreciation ETF | 뱅가드 | 0.06% | 643.5억 |
| 19 | IWM | iShares Russell 2000 ETF | 블랙록 | 0.19% | 604.5억 |
| 20 | IWD | iShares Russell 1000 Value ETF | 블랙록 | 0.19% | 568.5억 |
| 21 | VO | Vanguard Mid-Cap ETF | 뱅가드 | 0.04% | 534억 |
| 22 | EFA | iShares MSCI EAFE ETF | 블랙록 | 0.32% | 526.4억 |
| 23 | VXUS | Vanguard Total International Stock ETF | 뱅가드 | 0.07% | 513.3억 |

| 24 | VGT | Vanguard Information Technology ETF | 뱅가드 | 0.1% | 487.1억 |
|---|---|---|---|---|---|
| 25 | VB | Vanguard Small-Cap ETF | 뱅가드 | 0.05% | 473.7억 |
| 26 | BNDX | Vanguard Total International Bond ETF | 뱅가드 | 0.07% | 467.8억 |
| 27 | VCIT | Vanguard Intermediate-Term Corporate Bond ETF | 뱅가드 | 0.04% | 466.6억 |
| 28 | XLK | Technology Select Sector SPDR Fund | 스테이트 스트리트 | 0.1% | 457.7억 |
| 29 | XLF | Financial Select Sector SPDR Fund | 스테이트 스트리트 | 0.1% | 453.8억 |
| 30 | VNQ | Vanguard Real Estate ETF | 뱅가드 | 0.12% | 453.3억 |
| 31 | VYM | Vanguard High Dividend Yield ETF | 뱅가드 | 0.06% | 434.2억 |
| 32 | ITOT | iShares Core S&P Total U.S. Stock Market ETF | 블랙록 | 0.03% | 432.6억 |
| 33 | VCSH | Vanguard Short-Term Corporate Bond ETF | 뱅가드 | 0.04% | 421.3억 |
| 34 | BSV | Vanguard Short-Term Bond ETF | 뱅가드 | 0.05% | 389.9억 |
| 35 | XLE | Energy Select Sector SPDR Fund | 스테이트 스트리트 | 0.1% | 371.5억 |
| 36 | TIP | iShares TIPS Bond ETF | 블랙록 | 0.19% | 351.7억 |
| 37 | LQD | iShares iBoxx USD Investment Grade Corporate Bond ETF | 블랙록 | 0.14% | 348.6억 |
| 38 | SCHD | Schwab U.S. Dividend Equity ETF | 찰스 슈왑 | 0.06% | 344.5억 |
| 39 | VEU | Vanguard FTSE All-World ex-US ETF | 뱅가드 | 0.07% | 343.1억 |
| 40 | IVW | iShares S&P 500 Growth ETF | 블랙록 | 0.18% | 341.7억 |
| 41 | XLV | Health Care Select Sector SPDR Fund | 스테이트 스트리트 | 0.1% | 341.1억 |
| 42 | SCHX | Schwab U.S. Large-Cap ETF | 찰스 슈왑 | 0.03% | 328.8억 |
| 43 | RSP | Invesco S&P 500 Equal Weight ETF | 인베스코 | 0.2% | 327억 |
| 44 | IAU | iShares Gold Trust | 블랙록 | 0.25% | 312.2억 |
| 45 | IXUS | iShares Core MSCI Total International Stock ETF | 블랙록 | 0.09% | 306.1억 |

부록

| 46 | IWR | iShares Russell Mid-Cap ETF | 블랙록 | 0.19% | 294억 |
|---|---|---|---|---|---|
| 47 | DIA | SPDR Dow Jones Industrial Average ETF Trust | 스테이트 스트리트 | 0.16% | 293.9억 |
| 48 | IWB | iShares Russell 1000 ETF | 블랙록 | 0.15% | 292.7억 |
| 49 | SCHF | Schwab International Equity ETF | 찰스 슈왑 | 0.06% | 276,8억 |
| 50 | EEM | iShares MSCI Emerging Markets ETF | 블랙록 | 0.68% | 272.9억 |
| 51 | USMV | iShares MSCI USA Min Vol Factor ETF | 블랙록 | 0.15% | 271.9억 |
| 52 | VBR | Vanguard Small-Cap Value ETF | 뱅가드 | 0.07% | 269.5억 |
| 53 | VV | Vanguard Large-Cap ETF | 뱅가드 | 0.04% | 264.3억 |
| 54 | VT | Vanguard Total World Stock ETF | 뱅가드 | 0.07% | 251.3억 |
| 55 | IVE | iShares S&P 500 Value ETF | 블랙록 | 0.18% | 247,5억 |
| 56 | MUB | iShares National Muni Bond ETF | 블랙록 | 0.07% | 241.9억 |
| 57 | MBB | iShares MBS ETF | 블랙록 | 0.04% | 238.4억 |
| 58 | ESGU | iShares ESG Aware MSCI USA ETF | 블랙록 | 0.15% | 238.1억 |
| 59 | DGRO | iShares Core Dividend Growth ETF | 블랙록 | 0.08% | 228억 |
| 60 | IGSB | iShares 1-5 Year Investment Grade Corporate Bond ETF | 블랙록 | 0.06% | 223.9억 |
| 61 | SCHB | Schwab U.S. Broad Market ETF | 찰스 슈왑 | 0.03% | 222.4억 |
| 62 | QUAL | iShares MSCI USA Quality Factor ETF | 블랙록 | 0.15% | 221.4억 |
| 63 | SHY | iShares 1-3 Year Treasury Bond ETF | 블랙록 | 0.15% | 214.6억 |
| 64 | SCHP | Schwab U.S. TIPS ETF | 찰스 슈왑 | 0.05% | 207억 |
| 65 | DVY | iShares Select Dividend ETF | 블랙록 | 0.39% | 206.7억 |
| 66 | VGK | Vanguard FTSE Europe ETF | 뱅가드 | 0.08% | 206.2억 |
| 67 | SDY | SPDR S&P Dividend ETF | 스테이트 스트리트 | 0.35% | 204.9억 |
| 68 | MDY | SPDR S&P Midcap 400 ETF Trust | 스테이트 스트리트 | 0.22% | 200.3억 |
| 69 | XLY | Consumer Discretionary Select Sector SPDR Fund | 스테이트 스트리트 | 0.1% | 195.9억 |

| 70 | VTIP | Vanguard Short-Term Inflation-Protected Securities ETF | 뱅가드 | 0.04% | 191.5억 |
|---|---|---|---|---|---|
| 71 | JPST | JPMorgan Ultra-Short Income ETF | JP모건 체이스 | 0.18% | 187.8억 |
| 72 | ACWI | iShares MSCI ACWI ETF | 블랙록 | 0.32% | 186.7억 |
| 73 | IEF | iShares 7-10 Year Treasury Bond ETF | 블랙록 | 0.15% | 185.9억 |
| 74 | IUSB | iShares Core Total USD Bond Market ETF | 블랙록 | 0.06% | 182.3억 |
| 75 | PFF | iShares Preferred and Income Securities ETF | 블랙록 | 0.46% | 179.4억 |
| 76 | TQQQ | ProShares UltraPro QQQ | 프로셰어즈 | 0.95% | 170.2억 |
| 77 | GOVT | iShares U.S. Treasury Bond ETF | 블랙록 | 0.05% | 167.8억 |
| 78 | HYG | iShares iBoxx USD High Yield Corporate Bond ETF | 블랙록 | 0.48% | 165.4억 |
| 79 | VHT | Vanguard Health Care ETF | 뱅가드 | 0.1% | 164.8억 |
| 80 | XLI | Industrial Select Sector SPDR Fund | 스테이트 스트리트 | 0.1% | 164.1억 |
| 81 | VOE | Vanguard Mid-Cap Value ETF | 뱅가드 | 0.07% | 164억 |
| 82 | EMB | iShares JP Morgan USD Emerging Markets Bond ETF | 블랙록 | 0.39% | 164억 |
| 83 | EFV | iShares MSCI EAFE Value ETF | 블랙록 | 0.39% | 163.8억 |
| 84 | SCHA | Schwab U.S. Small-Cap ETF | 찰스 슈왑 | 0.04% | 161.6억 |
| 85 | XLP | Consumer Staples Select Sector SPDR Fund | 스테이트 스트리트 | 0.1% | 159.5억 |
| 86 | SHV | iShares Short Treasury Bond ETF | 블랙록 | 0.15% | 158억 |
| 87 | VXF | Vanguard Extended Market ETF | 뱅가드 | 0.06% | 157.2억 |
| 88 | TLT | iShares 20+ Year Treasury Bond ETF | 블랙록 | 0.15% | 156.3억 |
| 89 | SCHG | Schwab U.S. Large-Cap Growth ETF | 찰스 슈왑 | 0.04% | 156.1억 |
| 90 | IWN | iShares Russell 2000 Value ETF | 블랙록 | 0.24% | 148.7억 |

| 91 | DFAC | Dimensional U.S. Core Equity 2 ETF | 디멘셔널 펀드 어드바이저 | 0.19% | 148.3억 |
|---|---|---|---|---|---|
| 92 | IWS | iShares Russell Mid-Cap Value ETF | 블랙록 | 0.23% | 147.6억 |
| 93 | VTEB | Vanguard Tax-Exempt Bond ETF | 뱅가드 | 0.05% | 145.4억 |
| 94 | GDX | VanEck Gold Miners ETF | 반에크 | 0.52% | 144.7억 |
| 95 | VMBS | Vanguard Mortgage-Backed Securities ETF | 뱅가드 | 0.04% | 143.8억 |
| 96 | BIL | SPDR Bloomberg 1-3 Month T-Bill ETF | 스테이트 스트리트 | 0.14% | 143.4억 |
| 97 | VBK | Vanguard Small-Cap Growth ETF | 뱅가드 | 0.07% | 142.8억 |
| 98 | SPYV | SPDR Portfolio S&P 500 Value ETF | 스테이트 스트리트 | 0.04% | 142.6억 |
| 99 | BIV | Vanguard Intermediate-Term Bond ETF | 뱅가드 | 0.05% | 140.9억 |
| 100 | MINT | Enhanced Short Maturity Active ETF | 핌코 | 0.35% | 140.4억 |

**부록2. 테마 ETF 총정리(기준일: 2022.3.4.)**

| 순번 | 테마 | 티커 | 종목명 | 운용사 | 총보수 | 자산 규모 (달러) |
|---|---|---|---|---|---|---|
| 1 | 반도체 | SOXX | iShares Semiconductor ETF | 블랙록 | 0.43% | 89억 |
| 2 | | XSD | SPDR S&P Semiconductor ETF | 스테이트 스트리트 | 0.35% | 13억 |
| 3 | | SMH | VanEck Semiconductor ETF | 반에크 | 0.35% | 87.2억 |
| 4 | | PSI | Invesco Dynamic Semiconductors ETF | 인베스코 | 0.56% | 7.8억 |
| 5 | 클라우드 | SKYY | First Trust Cloud Computing ETF | 퍼스트 트러스트 | 0.6% | 52.3억 |
| 6 | | CLOU | Global X Cloud Computing ETF | 글로벌 X | 0.68% | 8.8억 |
| 7 | | WCLD | WisdomTree Cloud Computing Fund | 위즈덤 트리 | 0.45% | 8.6억 |
| 8 | 사이버보안 | CIBR | First Trust NASDAQ Cybersecurity ETF | 퍼스트 트러스트 | 0.6% | 59.6억 |
| 9 | | HACK | ETFMG Prime Cyber Security ETF | ETFMG | 0.6% | 20.9억 |
| 10 | | IHAK | iShares Cybersecurity and Tech ETF | 블랙록 | 0.47% | 5.9억 |
| 11 | 청정에너지 | ICLN | iShares Global Clean Energy ETF | 블랙록 | 0.42% | 50.8억 |
| 12 | | PBW | Invesco WilderHill Clean Energy ETF | 인베스코 | 0.61% | 11.2억 |
| 13 | | QCLN | First Trust NASDAQ Clean Edge Green Energy Index Fund | 퍼스트 트러스트 | 0.6% | 21.9억 |
| 14 | 탄소중립 | KRBN | KraneShares Global Carbon Strategy ETF | 크레인 펀드 | 0.79% | 14.5억 |
| 15 | | TAN | Invesco Solar ETF | 인베스코 | 0.69% | 23.2억 |
| 16 | | LIT | Global X Lithium & Battery Tech ETF | 글로벌 X | 0.75% | 48.2억 |

| 17 | 인공지능 | AIEQ | AI Powered Equity ETF | ETFMG | 0.75% | 1.4억 |
|---|---|---|---|---|---|---|
| 18 | | BOTZ | Global X Robotics & Artificial Intelligence ETF | 글로벌 X | 0.68% | 21.3억 |
| 19 | | KOMP | SPDR S&P Kensho New Economies Composite ETF | 스테이트 스트리트 | 0.2% | 18.4억 |
| 20 | 게임 | ESPO | VanEck Video Gaming and eSports ETF | 반에크 | 0.55% | 4.7억 |
| 21 | | HERO | Global X Video Games & Esports ETF | 글로벌 X | 0.5% | 3.5억 |
| 22 | | GAMR | Wedbush ETFMG Video Game Tech ETF | ETFMG | 0.75% | 8.5억 |
| 23 | 우주항공 | ARKX | ARK Space Exploration & Innovation ETF | 아크인베 스트 | 0.75% | 4억 |
| 24 | | ROKT | SPDR S&P Kensho Final Frontiers ETF | 스테이트 스트리트 | 0.45% | 2,057만 |
| 25 | | UFO | Procure Space ETF | 프로큐어 AM | 0.75% | 9,094만 |
| 26 | 리츠 | VNQ | Vanguard Real Estate ETF | 뱅가드 | 0.12% | 453.3억 |
| 27 | | SCHH | Schwab U.S. REIT ETF | 찰스 슈왑 | 0.07% | 676만 |
| 28 | | SRVR | Pacer Benchmark Data & Infrastructure Real Estate SCTR ETF | 페이서 | 0.6% | 13.7억 |
| 29 | 5G 통신 | FIVG | Defiance Next Gen Connectivity ETF | 디파이 언스 | 0.3% | 11.6억 |
| 30 | | NXTG | First Trust Indxx NextG ETF | 퍼스트 트러스트 | 0.7% | 9.5억 |

## 출처

### 1장
표4.
https://kosis.kr/statHtml/statHtml.do?orgId=101&tblId=DT_2AQ504&vw_cd=&list_id=&seqNo=&lang_mode=ko&language=kor&obj_var_id=&itm_id=&conn_path=

### 2장
표7.
https://etfdb.com/etfs/issuers/#issuer-power-rankings__aum&sort_name=fund_flow_position&sort_order=asc&page=1

### 3장
그림1, 그림3~7, 그림9.
https://www.etf.com/
그림2.
https://etfdb.com/
그림8.
https://www.invesco.com/qqq-etf/en/about.html
그림10.
https://finance.naver.com
그림11.
https://finance.naver.com/item/main.naver?code=133690
그림12.
https://investments.miraeasset.com/fund/list.do?searchText=TIGER+%EB%AF%B8%EA%B5%AD%EB%82%98%EC%8A%A4%EB%8B%A5100
그림13~14.
https://www.tigeretf.com/ko/product/search/detail/index.do?ksdFund=KR7133690008

### 4장
표12.
https://www.ssga.com/us/en/intermediary/etfs/funds/spdr-dow-jones-industrial-average-etf-trust-dia
표13.
https://www.ssga.com/us/en/intermediary/etfs/funds/spdr-dow-jones-industrial-average-etf-trust-dia

표14.
https://www.invesco.com/qqq-etf/en/about.html
표16.
https://investor.vanguard.com/etf/profile/VOO
표17.
https://www.ishares.com/us/products/239710/ishares-russell-2000-etf

## 5장
표18.
https://investor.vanguard.com/etf/profile/VNQ
그림25.
Gerd Fahrenhorst, CC BY 4.0 <https://creativecommons.org/licenses/by/4.0>, via Wikimedia Commons
표20.
https://investor.vanguard.com/etf/profile/VIG
표22.
https://www.schwabassetmanagement.com/products/schd#portfolio
표24.
https://www.invesco.com/us/financial-products/etfs/holdings?audienceType=Investor&ticker=SPHD
표26.
https://investor.vanguard.com/etf/profile/VEA

## 7장
표32.
https://www.ishares.com/us/products/239705/ishares-phlx-semiconductor-etf
표34.
https://www.etf.com/SKYY#overview
표36.
https://www.ishares.com/us/products/286007/ishares-esg-aware-msci-usa-etf
표37.
https://www.roundhillinvestments.com/etf/metv/
표39.
https://www.etf.com/ARKK
표41.
https://www.etf.com/CIBR#overview

# 나의 첫 ETF 포트폴리오

1판 1쇄 발행  2022년 5월 4일
1판 10쇄 발행  2024년 11월 25일

지은이  송민섭(수페TV)
발행인  오영진 김진갑
발행처  토네이도미디어그룹(주)

기획편집  박수진 유인경 박민희 박은화
디자인팀  안윤민 김현주 강재준
교정교열  강설빔
마케팅  박시현 박준서 김예은 김수연
경영지원  이혜선

출판등록  2006년 1월 11일 제313-2006-15호
주소  서울시 마포구 월드컵북로5가길 12 서교빌딩 2층
원고 투고 및 독자 문의  midnightbookstore@naver.com
전화  02-332-3310 팩스  02-332-7741
블로그  blog.naver.com/midnightbookstore
페이스북  www.facebook.com/tornadobook

ISBN 979-11-5851-241-5 (03320)